kompaktwissen

URSULA GERSBACHER

Körpersprache im Beruf

Verhandlung und Gespräch

Vertrauen aufbauen
Gefühle richtig dosieren
Distanz und Nähe
Macht und Status

Mit vielen Fotos zur Selbstkontrolle

Originalausgabe

Wilhelm Heyne Verlag
München

HEYNE KOMPAKTWISSEN
Nr. 22/330

Herausgeber der Reihe »kompaktwissen«:
Dr. Uwe Schreiber

Printed in Germany 1994
Reproduktionen: Autorin
Umschlaggestaltung: Atelier Ingrid Schütz, München
Satz: Schaber Datentechnik, Wels
Druck und Bindung: Ebner Ulm

ISBN 3-453-07623-0

Inhaltsverzeichnis

DANKSAGUNG

Ich danke Frau Marion Nüser, Frau Reni Schmölz, Frau Claudia Thurnherr, Herrn Jürgen Burg und Herrn Klaus Teubel für die Mitwirkung bei den Fotoaufnahmen. Die Kostüme wurden freundlicherweise von Frau Utz, Inhaberin der Firma Zech Pelze + Moden, Kaufbeuren, zur Verfügung gestellt.

Fotos: Martina Burg, Fotografenmeisterin

Mit dem Körper zu sprechen bedeutet, die eigenen Gefühle direkt in das Gemüt des Partners, der Partnerin einzuschleusen. Die Überzeugungskraft dieser Gefühle wirkt um so stärker, je echter Sie selbst empfinden.

Manche Fehler im Gespräch sind durch Aufmerksamkeit leicht zu vermeiden — senden Sie positive Signale, lassen Sie keine »Killergesten« zu. Vor allem aber: Werden Sie selbst positiv und zeigen Sie es! Ihren Worten mag man mißtrauen, Ihre Figur ist vielleicht nicht berückend, der Macht Ihrer ehrlichen Zuwendung aber wird sich kaum jemand entziehen können.

Deshalb nehmen Sie die Beispiele in diesem Buch bitte nicht als »Übungsvorlage«. Schauen Sie die Szenen mehrmals an, und vergleichen Sie ähnliche Situationen in Ihrem Alltag. Sie werden schnell merken, wie sensibel Sie jetzt auf Ihre Partner reagieren. Genießen Sie den Erfolg, Ihre Ziele in Gesprächen erreichen zu können!

1. Kapitel: Distanz und Nähe

Ist das nicht eine verrückte Welt, in der wir leben? Da sehnen sich alle Menschen von Natur aus nach Anerkennung, Zärtlichkeit und Intimität — und was geben wir einander? Wir konstruieren Pseudo-Intimität in den Städten, leben Körpernähe in Kaufhäusern, U-Bahnen oder Kinos und verteidigen gleichzeitig unsere letzten Freiräume — im Fahrstuhl 30 Zentimeter Luft vor den Augen — gegen jeden Eindringling.

Nähe ist uns aufgezwungen worden, weil wir so viele sind. So wird besonders in Großstädten jede Nähe mit Fremden zur Feindberührung. Wir sind uns selbst nicht mehr recht vertraut, weil wir Vertrauen zum Mitmenschen nicht in Ruhe aufbauen können, und Nähe-Spüren wird uns versagt, wo wir keine Grenzen mehr zu setzen vermögen. Die Voraussetzung für diesen vertrauensbildenden Prozeß wäre nämlich die Gewißheit der Unverletzbarkeit unseres eigenen Raumes, so klein er auch sein mag.

Sie wollen in Ihren Gesprächskontakten eigene Ziele erreichen und nicht die passive und manipulierbare Rolle in dem Part einnehmen? Lernen Sie, das subtilste Instrument der Gesprächsführung zu beherrschen: die Sehnsucht des Menschen nach Nähe und seine Angst davor.

Öffnen Sie Ihre Sinne!

Bevor Sie aktiv werden, müssen Sie erst feinfühlig werden. Das gilt um so mehr, je stärker Sie zum »Macher« tendieren. Wenn Sie der Lehrmeinung anhängen, Gesprächsführung sei eine Frage der Durchsetzungsfähigkeit, so ist das nicht falsch, aber es ist nicht die ganze Wahrheit. Drücken Sie Ihrem Gesprächspartner nicht Ihre Vortrefflichkeit aufs Auge — geben Sie ihm das, was er jetzt braucht, und weniger von dem, was er nicht will.

Dazu müssen Sie **erkennen,** welche Wünsche diesen Menschen gerade bewegen.

In jeder Gesprächssituation beurteilen wir vier körpersprachliche Aussagen:

1. Abstand
2. Zuwendung
3. Muskelspannung
4. Offenheit

Abstand: Die Distanzzonen zwischen den Körpern sind allgemein bekannt. Wer auf Armeslänge leicht zu berühren wäre, steht bereits im persönlichen Feld. Sind Muskelspannungen zu beobachten? Hier geht es um feine Schwingungen aus dem Macht-Bereich. Größerer Abstand deutet auf ein Hierarchiegefälle hin, auf die Abgrenzung größerer Freiräume. Was den Intimbereich kennzeichnet, erklärt sich von selbst.

Zuwendung: Wir können uns frontal zuwenden, jemandem die Schulter zeigen, mit dem Oberkörper andere Signale senden als mit den Beinen oder jemandem den Rücken zuwenden — was natürlich in der Regel das Ende des Gesprächs bedeutet. Abwendung oder Zuwendung vom Scheitel bis zur Sohle, auch mehrfach gemischt — ein Sendesalat, der entwirrt werden muß.

Spannung: Erhöhter Muskeltonus wird aus der Seele gespeist, wie die ganze Körpersprache. Nun gibt es Menschen mit chronisch niedriger oder auffällig erhöhter Spannung. Aus der Situation allein läßt sich die Seelenlage nicht immer einwandfrei klären, wenn wir den Menschen nicht gut kennen.

Schauen Sie auf den Körperbau, besonders auf die Handgelenke. Schmal gebaute Leute (auch mit Bäuchlein), Leptosome genannt, neigen zu verminderter Körperspannung, es sei denn, sie sind nervös. Das ist bei ihnen allerdings oft der Fall, denn ihre Sehnsucht gilt einem ungestörten Innenleben. Streß und Trubel, fremde Leute und plötzliche Anforderungen sind nicht ihre Sache. Sie neigen grundsätzlich zu Fluchtverhalten, kriechen bei Streß in sich hinein. Sie brauchen Zeit, um aufzutauen, um sich zu öffnen. Das bedeutet: sie halten Abstand, wenden sich kaum voll zu, mindern die Körperspannung, um genügend Reserven zu behalten.

Die Macher und Kraftmeier zeigen sich völlig anders. Sie »gehen ran«, zeigen angstfrei die Frontseite, ihre Stimme klingt laut, was immer einen hohen Energiepegel anzeigt, und selbstverständlich werden sie sich nicht hinter Körperblockaden abschließen.

Die meisten Menschen bewegen sich irgendwo dazwischen. Für die jeweilige Situation bedeutet das: ihre Körperspannung resultiert überwiegend aus dem aktuellen Gefühl, hat also viel mit ihrer Ausstrahlung zu tun.

Offenheit, Verschlossenheit: Aus der Sicherheit eines genügend großen Abstandes heraus werden wir eher bereit sein, uns zu entspannen und damit zu öffnen. Je näher Fremde sich kommen, um so stärker schließen sie sich mit Gesten ab, sie schützen sich vor der Gefahr des Übergriffs. Nähe **und** Offenheit sind nur möglich im gegenseitigen Vertrauen oder aus einem sehr großen Selbstvertrauen heraus.

Offene Signale gehen nicht mit erhöhter Muskelspannung zusammen, dann wäre es ein Hinweis auf eine Pose, auf gewollte Darstellung von Überlegenheit. Hier bedrängt jemand seinen Partner mit Vertrauens-Signalen und richtet das Gegenteil an: Angst oder Aggression.

Schauen wir verschiedene Beispiele an, wie sie uns täglich vor die Augen kommen. Auf den ersten Blick ist überhaupt nichts Auffälliges zu entdecken — also schulen Sie Ihr Auge systematisch, bis Sie blitzschnell eine Gesprächssituation analysieren können.

Nähe verzaubert

Abb. 1

*Der **Abstand** zwischen den beiden Gesprächspartnern sieht nur auf den ersten Blick weit aus. Zwischen den Köpfen herrscht die »öffentliche« Distanz, die Knie kommen sich zwangsläufig näher. Deshalb **wendet** man sich etwas schräg **zu**, damit die Beine mehr Platz haben. Außerdem wäre das direkte Gegenübersitzen ohne Barriere (Tisch) eine optische und emotionale Konfrontation, wenn es sich nicht um enge Freunde handelt.*

*An der **Körperhaltung** können wir schon erkennen, wer aktiv das Gespräch führt: Ich sitze leicht vorgeneigt, bekomme mehr Rückenspannung, bin also aktiver. **Offen** sind wir beide gleichermaßen. Schauen Sie auch auf die Hände, die »Macher« des Menschen: Welche zeigen mehr Tatbereitschaft?*

Abb. 2

Ich verändere die Haltung (der Kopf mit den Sinnesorganen neigt sich dem interessanten Objekt zu), dadurch wird ***mehr Nähe*** *erreicht. Das Vorbeugen ergibt* ***mehr Spannung*** *im Rücken. Andererseits ist die* ***Offenheit*** *aufgegeben, denn ich habe ein Bein übergeschlagen. Was geschieht hier?*

Klaus ging auf das Kommunikationsangebot nicht recht ein, er blieb in seiner passiven, angelehnten Haltung. Die Füße zeigen sich ***zurückgezogen****, also fühlt er sich auch so. Fluchttendenzen sind nicht zu erkennen.*

Ich ***verschließe*** *mich etwas (Arm- und Beinhaltung) und nehme mehr Spannung auf, um das Gefühl innerer Sammlung und Konzentration hinüberfließen zu lassen. Damit gebe ich gleichzeitig weiter das Angebot »du interessierst mich« ab. Wichtig ist, daß die Hände locker bleiben und die ganze Prozedur nicht als Anstrengung sichtbar wird.*

Als Erfolg ist zu werten, daß Klaus sich mit einer hinwendenden, ***offenen*** *Geste am Gespräch beteiligt.*

Abb. 3

Meine Bemühung um eine vertrauensvolle Atmosphäre zeigt Wirkung: mein Partner spricht immerhin schon, er äußert sich zum Thema. Körpersprachlich taut er nicht auf, denn es sind keine Veränderungen der Körperspannung und keine weiteren Gesten zu sehen. Ich stelle fest, es handelt sich um einen sehr vorsichtigen, zurückhaltenden Menschen. Woran ist das noch zu erkennen?

Der Zurückhaltende

Die **Füße** hält er etwas unter den Stuhl gezogen. Er nimmt wenig Raum ein. Wie Sie täglich beobachten können, breiten Männer sich allgemein in dieser Welt aus, mit ihren Armen, ihren Beinen, mit der kräftigen Stimme. Das »normale Maß« der männlichen Raumnahme vor Augen, können Sie gut abschätzen, ob Sie es hier mit einem »Macher« zu tun haben oder ob Sie einen Mann vor sich sehen, dessen Stärken mehr im Verborgenen liegen.

Die Energien des Extravertierten drängen nach draußen, was sich an vielen Körpersignalen nachweisen läßt. Seine Stärke liegt im Tun, sei es körperlich oder auch geistig. Er kümmert sich weniger um Details als darum, daß die große Linie stimmt. Der Introvertierte dagegen beobachtet, denkt oder fühlt sich lange in eine Situation ein, bevor er den Entschluß zur Tat faßt. Er berücksichtigt sowohl psychologische Einzelheiten bei den beteiligten Menschen wie die Details der Ausführung. Die Folgen eines Entschlusses sind ihm wichtig und auch seine Verantwortung dafür.

Der Schüchterne

An kleineren Signalen erkennen Sie, ob es sich um einen zwar introvertierten, aber letzten Endes tatkräftigen Mann handelt oder um einen schüchternen, nicht zielgerichteten Menschen, dem dic Durchführung eines Planes oder Projektes Schwierigkeiten bereiten würde.

Dazu müssen wir in die Vergangenheit schauen: Jemand, der sich im Erwachsenenalter noch »nichts zutraut«, dem die Jahrzehnte nur bewiesen haben, daß er am Rande des Versagens lebt, bildet besondere Zeichen heraus. Der Geist gestaltet den Körper. Jahrelange »Nackenschläge« beugen den Kopf nach vorn; die Unfähigkeit zur kraftvollen Tat schwächt die Energie der Hände, sie zeigen eine lasche Gestik; der Rücken krümmt sich, weil es an aufrichtender, optimistischer Energie mangelt; die Atmung ist flach, und das gestaltet einen schwachen Brustkorb. Dazu gehört eine entsprechende Stimme, die nicht trägt.

Auf den Bildern sehen wir keines dieser Signale, also sollten wir diesen Mann nicht unterschätzen, nur weil er die Füße unter den Stuhl zieht. Das kann genausogut unaufdringliche Höflichkeit sein, weil ich ziemlich ungeniert mit meinem Fuß in seinen räumlichen Bereich gehe. Wenn er sich bequemer hinsetzen würde, müßte ich mich zurückziehen. Der »Macher« würde darauf keine Rücksicht nehmen, Klaus steckt seinen Ausbreitungsdrang lieber selbst zurück, als jemand anderen zum Rückzug zu bewegen.

Sie erfahren schon durch den Sprachgebrauch, wie Gefühle und Körperausdruck zusammenhängen. Sind Sie im Zweifel über die seelische Eigenart eines Menschen, so beschreiben Sie seine Körpersignale, seine Gestik und den Körperbau mit emotionalen Worten. Sie kommen recht genau auf die wesentlichen Punkte: Klaus sitzt aufrecht (er ist aufrichtig), er hält den Kopf gerade (ist geradeheraus, nicht verbogen), der Oberkörper lehnt sich zurück, erscheint zurückgezogen (er lebt nach innen, greift nicht an), er sitzt offen, ohne Verteidigungshaltung (versteckt sich nicht, hat keine Angst).

Und wie sieht es bei mir aus?

Mit den Füßen gehe ich voran, wohl wissend, daß diese Bewegung nicht bewußt registriert wird. Gesprächspartner schauen sich ins Gesicht und gerade noch auf die Hände, wenn sie sich bewegen. Niemand, der nicht geschult ist, würde die »Gestik« der Beine beobachten. Weil die fast immer unbewußt geschieht, ist sie **wahrhaftiger** als die Mimik, denn die können wir steuern — wir schauspielern ganz gut.

Wenn ich einen Gesprächspartner ganz sanft mit den Füßen bedränge (nein, keine erotische Annäherung — die würde er ja bemerken), prüfe ich seine unbewußte Reaktion: Kampf oder Flucht.

Hier handelt es sich um ein typisches seelisches Grundmuster: Auf leichte Bedrängnis antworten wir in der Regel entweder mit dem Impuls zur Flucht, zum Zurückziehen, zum Konfliktvermeiden, zum Abstand-Nehmen, oder wir halten stand, weichen nicht aus- oder zurück.

Manche Menschen registrieren schon das kleinste Angebot zum Konflikt und teilen sofort aus — das sind die Herrscher, die Dominierenden in dieser Welt. Sie setzen sich provozierend bequem zurecht, egal, wo der andere bleibt oder ob sie ihn berühren.

Mit diesem kleinen Test können Sie schnell das weitere Verhalten im Gespräch oder im Verhalten abschätzen. Später werden wir diese Situation noch vertiefen.

Vergleichen Sie jetzt bitte die Details von Abb. 2 und Abb. 3. Ich habe meine Haltung verändert, nachdem mir das seelische Grundmuster meines Gesprächspartners klar war (Rückzug, angstfrei):

In Abb. 2 bilde ich noch eine kleine Barriere mit dem übergeschlagenen Bein und dem aufgestützten Arm. Das sieht lässig und ein kleines bißchen aggressiv aus, jedoch nicht sehr einladend. Der vorgebeugte Oberkörper und der direkte Blick bezeugen mein Interesse. Mit dem Wechsel der Beine fällt die Barriere weg; die Knie frontal ins Blickfeld gerückt, geben einen Hauch Intimität. Weiblichkeit schwingt jetzt mit, denn das Signal zeigt sich in der unteren Körperhälfte, deren »Gesten« wenig kontrolliert werden.

Im Oberkörper ziehe ich mich zusammen, behalte die Spannung und stütze den Kopf auf. Zusammenziehen bedeutet Konzentration, ich mache Klaus zu meinem ausschließlichen Interesse. Das Kopfaufstützen ist ebenfalls eine Geste der Konzentration und der ruhigen Sammlung. Was der Introvertierte im Gespräch nicht gebrauchen kann, ist Hektik und Drängen. Will ich etwas erreichen, so gebe ich das, was der andere braucht. Beim zurückgezogenen Klaus ist es konzentriertes Zuhören, Bestätigung, Raum-Gewähren. Damit er Zutrauen zur eigenen Aktivität in diesem Gespräch bekommt, bleiben die Frauenbeine als Ermunterung des Unbewußten in seinem Feld. Das verpflichtet mich zu nichts, denn die bewußte, obere Körperhälfte verhält sich geschäftsmäßig korrekt.

Das Geheimnis der Intensität

Überzeugungskraft einzusetzen ist der Wunsch all derer, die etwas an den Mann oder an die Frau bringen wollen. Das kostet viel Energie, ganz besonders dann, wenn der Gesprächspartner, die Partnerin, so gar nicht mitzieht. Lehrer kennen dieses Leid, wenn sie frustriert vor einer laschen Schulklasse stehen und nun motivieren sollen. Nach der Unterrichtsstunde sind sie ausgebrannt und sollen noch für den Rest des Tages ihr Bestes geben. Verkäufer sollen begeistert sein, um die Kunden zu begeistern, ganz gleich, in welchem seelischen Zustand sie sich heute selbst befinden.

Intensive und damit überzeugende Rede in der Verhandlung setzt voraus, daß Sie ein Mindestmaß an eigener Begeisterung spüren. Wenn Sie die Idee, die Sie vertreten, nicht voll überzeugt, dann wechseln Sie die Philosophie. Wenn das nicht geht, so konzentrieren Sie sich auf den Menschen, den Kunden, und Ihre Gesprächsführung. Lernen Sie taktisches Vorgehen, und entwickeln Sie den nötigen Sportsgeist, Ihre Gesprächstaktik auch anzuwenden.

Dasselbe gilt für das Produkt, das Sie anbieten. Entweder es ist gut (dann wissen es die potentiellen Kunden aber noch lange nicht), oder es hat Mängel. Deswegen verkauft es sich nicht schlechter als eine tadellose Ware. So oder so ist es eine psychologische Technik, die Partner für das Angebot zu erwärmen. Es liegt bei Ihnen, sich frustrieren zu lassen oder lieber etwas mentales Training zu betreiben:

Der Gesprächspartner, die Partnerin, hat das Recht, sich abzuschließen, mißtrauisch zu reagieren, Ihr Angebot uninteressant zu finden. Das sind Gefühle, und Gefühle sind eine Realität. Sie können nicht mit Sachargumenten Gefühle verändern, denn da befinden Sie sich in einem anderen Stockwerk. Also: Alles, was an Negativ-Signalen vom Partner kommt, ist berechtigt — und es ist ein Signal, das Gespräch weiterzuführen! Andernfalls wäre der andere nämlich schon gegangen. So operieren Sie auf der richtigen, der Gefühlsebene:

Abb. 4

Totale Blockade bei Reni: Kalt ist es nicht im Raum, also verschließt sich ihre Seele vor meinen Argumenten. Reni will sich der Welt (mir) nicht stellen (Herz, Bauch und Atmung werden geschützt), und die Beine sperren sich gegen meine Nähe. Immerhin — sie ist noch da und hört zu.

Ich lasse mir nicht anmerken, ob mich ihre Abwehr frustriert, und ignoriere die negativen Gefühle. Mit offenen Händen und »gebender Geste« versuche ich, Vertrauen zu schaffen. Wenn ich selbst positiv zu der Situation stehe, Verständnis zeige und mich nicht verwirren lasse, werde ich vielleicht einen Zugang zu Renis Gefühlen finden.

Abb. 5

Reni öffnet sich, bleibt aber noch passiv. Ein erster Sieg! Ich erhöhe die Intensität der Rede, zeige ihr mein Vertrauen und bringe mehr Nähe. Das soll als emotionale Bestätigung — Belohnung — für ihren ersten Schritt bei ihr ankommen. Als Verstärker wird das Lächeln eingesetzt; die meisten Frauen brauchen und gebrauchen es als vertrauensbildendes Kommunikationsmittel.

Abb. 6

In dem Moment, als Reni starkes Interesse zeigt, Nähe sucht und in das Gespräch eingreift, nehme ich meine Intensität zurück, um ihr real und emotional Raum zur Verfügung zu stellen. Wenn ich bei dem alten Abstand geblieben wäre, hätte sie kaum die Freiheit, ihrerseits den Wunsch nach Nähe auszudrücken, denn dann wären wir für ein geschäftliches Gespräch zu nahe beieinander. Außerdem hätte ich nicht die Chance, ihre Impulse überhaupt zu beobachten, weil ich sie jetzt blokkieren würde. Also — Abstand nehmen zum Raumgeben und sich gleichzeitig weiter öffnen, damit nicht das Signal hinübergeht: »Ich ziehe mich zurück von dir, ich nehme Abstand von deinen Worten.«

Abb. 7

Gewonnen! Reni nimmt das Angebot zur Aktivität voll an und rückt noch näher. Sie spricht — was mir die Informationen verschafft, die ich brauche. Jetzt genügt es, Bestätigung und Ermunterung zu geben, damit der Strom nicht versiegt.

Abb. 8

Wer imstande ist, soviel Emotion zu wecken und Vertrauen aufzubauen, sollte nicht die eigenen Gefühle bedeckt halten. Jetzt entscheidet es sich, ob die Gesprächspartnerin auch nach dem Treffen noch überzeugt ist. Ehrliche Anteilnahme an der Entwicklung unserer Beziehung ist mit diesem herzlichen Lachen bewiesen!

Vertrauen aufbauen, Türen öffnen

Unsensible Gestik, unkontrollierte Körperhaltung und im Kopf das eigene Ego — so enden Gespräche enttäuschend. Ob wir eine Beziehung pflegen oder etwas verkaufen, macht keinen Unterschied.

Behandeln Sie Ihre/n Lebenspartner/in immer etwas besser als Ihren besten Kunden! Streichen Sie aus Ihrem Kopf alle Gedanken dieser Strickart: »Ich muß hier was verkaufen! — Ich werde mich durchsetzen! Ich darf nicht klein beigeben!« Setzen Sie dafür: »Ich möchte dieses Problem lösen, diesen Mangel beheben. Dabei geht es mir nur gut, wenn es der Kundin (meiner Frau) auch gut geht. Es ist unwichtig, ob sich jemand durchsetzt, wenn das Problem für alle gelöst ist.«

Die Forderung, das Denken in dieser Weise zu ändern, trifft diejenigen hart, die in diversen Schulungen vor allem ihr Durchsetzungsvermögen trainieren. Sie glauben daran, daß ihr Erfolg von ihrer Fähigkeit zur Härte, zur Dynamik, zur abschlußsicheren Gesprächstaktik abhängt. Nun gut, Erfolg ersetzt alle Argumente. Schauen wir jedoch ihre Stornoquote an (auch die in den privaten Beziehungen!), dann sollten wir das Vertrauen zu dieser Technik verlieren. Fünf Prozent Storno sind unvermeidbar, bei zehn Prozent stimmt etwas grundsätzlich nicht.

Die Art, wie Sie denken, schwingt in jeder Ihrer Äußerungen und in jeder Geste mit. Ihre Stimme klingt so, wie Sie sich fühlen und wie Sie zu dem anderen stehen. Wenn Sie auf »geschlossene Türen« stoßen, spiegelt Ihre Umwelt nur die Blokkade, die Sie längst in Ihrem Kopf aufgebaut haben.

Wie schaffen Sie es, Türen zu öffnen? Indem Sie ein grundsätzliches »Ja« zu jedem Menschen sagen, der Ihnen begegnet. So wie dieser ist oder sein will oder zu sein vorgibt, ist es in Ordnung. Mischen Sie sich nicht ein, warten Sie nicht, schauen Sie nur an, was da geboten ist. Finden Sie heraus, was der andere wirklich braucht, und geben Sie ihm das. Damit sind Sie Problemlöser, und nicht Verkäufer. Der daraus erwachsene Lohn steht Ihnen zu, im Geschäft wie in der Liebe, aber das war nicht Ihr Motiv; und sollte der ausbleiben, haben Sie doch Ihr Ziel erreicht.

Abb. 9

Jürgens Einstellung zu Marion mag zwar grundsätzlich positiv sein, heute zeigt er es aber nicht. Schuldzuweisungen mit dem Zeigefinger kann sie nicht gebrauchen. Egal, was er gerade sagt, es wird negativ ankommen. Um sich vor diesem Ärger zu schützen, igelt Marion sich ein. Wird auch im lustigen Ton gestritten, sticht dieser spitze Finger doch schmerzhaft mitten ins Herz.

Abb. 10

Das sieht schon verständnisvoller aus. Warum kommt Marion nicht aus ihrer Verschlossenheit heraus? Jürgen hat zu viel Schwung drauf. Bei dieser Blockade wäre es besser, sich sehr zurückzuhalten und durch vorsichtiges Fragen einen Zugang zu Marions Gefühlen zu bekommen. Hier ist ein »Überzeuger« am Werk, der recht professionell vorgeht, ein Missionar. Überzeugungsarbeit gegen geschlossene Türen bringt vielleicht eine »Unterschrift«, aber auch viel Storno.

Abb. 11

Was heißt, »er hat zu viel Schwung«? Sie sehen den gespannten Rücken, Jürgen sucht Nähe, damit bestimmt er den Abstand zwischen beiden. Wer bestimmt, der dominiert den anderen. Genau das will Marion signalisieren: »Du bestimmst hier das Gespräch, und ich will das nicht!«

Mit den offenen Beinen (Offenheit ist gut, kann aber auch gefährlich provozieren) erreicht Jürgen, daß ihn Marion mit dem Bein und der vorgeschobenen Fußspitze abwehren muß.

Abb. 12

Jürgen glaubt, noch nicht genug Überzeugungskraft zu entwickeln, und setzt noch mehr Dynamik ein. Höflich und positiv wie Marion ist, lacht sie dazu. Die wütende Fußspitze spricht die Wahrheit: »Hör endlich auf damit!«

Bei Gesprächspartnern, die sich nicht in gleicher Weise durchsetzen, die zu den Schüchternen gehören, darf Jürgen nicht mit voller Kraft vorwärtspreschen. Einige Sekunden Besinnung hätten gereicht, um endlich eine verständnisvolle Frage zu stellen, die Antwort ruhig anzuhören und dabei die Körpersprache zu studieren. Dabei hätte er auch Zeit, die eigenen Signale auf seine Partnerin einzuschwingen.

Abb. 13

Ganz anders ist die Situation zu beurteilen, wenn Marion keine Angst vor der Nähe zeigt, ihrerseits den Kopf vorstößt und einen festen Blickkontakt dabei aushält. Sie ist bereit, es durchzustehen, und scheut nicht den Konflikt. Trotzdem sollte es diese »Greifer«-Geste im Gespräch mit einer Frau überhaupt nicht geben.

Abb. 14

Wie schön und vertrauensbildend ist der Anblick offener, hingereichter Hände! Diese Bewegung können wir kaum oft genug zeigen. Vergessen Sie nicht: Das Wesentliche an der Kommunikation ist nicht, daß wir uns mit Fäusten durchsetzen oder den harten Handrücken als Schutz vorschieben. Wir werden uns ja nicht schlagen müssen! Schutz- und Angriffsgesten schon vorbeugend ins Gespräch gebracht, werden beim Gesprächspartner genau die Entsprechungen hervorrufen. Wir zeigen damit der Welt nur unsere eigene grundsätzliche Einstellung: »Ich habe kein Vertrauen zu euch!«

Abb. 15

Jürgen hat sich völlig zurückgenommen und das Überzeugen aufgegeben. Er läßt Marion ihren Raum selbst bestimmen. Er blockiert sogar die Aktivität seiner Hände und hört nur zu. Marion rutscht in den »aktiven Stuhlkantensitz«, sie hat Vertrauen gefaßt und übernimmt die Gesprächsführung.

Abb. 16

Jetzt übertreibt er es aber — beide Füße mit den Spitzen unter den Stuhl zu ziehen! Wäre diese Bewegung echt, würde Jürgen von niemandem mehr als kompetent angesehen werden. Dieses völlige Aufgeben jeder Handlungsfreiheit wäre ein Hinweis auf eine psychische Störung. Um die schüchterne Marion auf die Helferschiene zu locken, ist das jedoch einen Versuch wert. Schauen Sie, wie entspannt und völlig locker Marion jetzt antwortet! Sie fühlt sich überlegen, und das tut ihr gut.

Abb. 17

Marion fühlt sich gefordert, Jürgen als Helfer zur Seite zu stehen. Jetzt begeht sie denselben Fehler, zu aktiv zu werden. Einem verschlossenen Gesprächspartner sollte sie nicht eine Predigt halten, sondern ihn zunächst auf der Gefühlsebene für ihre Argumente vorbereiten.

Abb. 18

Abb. 18 a

Die Killergeste:

Mutig geworden, haut Marion auf den Putz. Diese Bewegung zeigen wir öfter im Gespräch, wenn wir abwerten, heruntermachen. Das kann etwas oder jemand sein, was gar nicht anwesend ist oder ein gemeinsamer »Feind«. Diese Geste wirkt sich trotzdem verheerend auf das Gemüt unseres Gesprächspartners aus, es ist eine wirkliche Killergeste. Vermeiden Sie grundsätzlich ein so starkes Negativ-Signal, auch wenn Sie mit dem anderen einer Meinung sind!

Höhepunkte setzen

Im vertrauensbildenden Prozeß entwickeln wir eine bestimmte Dynamik. Die Kommunikation läuft nicht geradlinig vom ersten »Guten Tag« bis zur Unterschrift (synonym für ein erfolgreiches Ergebnis jeder Art).

1. Begrüßen und Anwärmen

Jürgen sitzt über einer Arbeit und hat dazu seine Brille auf.

Abb. 19

Zur Begrüßung nimmt er die Brille ab.

Abb. 19a

Abb. 20

Wozu das gut ist? Der Augenblick des »Erkennens« wird zum intimen Akt. Jürgen löst sich bewußt von seiner Arbeit, braucht dazu die Brille nicht, die den Blick sachlicher, vernünftiger macht. Das natürliche Auge wirkt einfach menschlicher. Dadurch erzeugt er aktiv das Gefühl von Nähe und An-Erkennung, er zeigt sich selbst ohne den Schutz der Gläser, er bietet seinen ehrlichen Blick dem anderen an.

Probieren Sie allein dies zur Begrüßung aus, auch wenn Sie Ihre Brille eigentlich nicht entbehren können! Die herzliche Schwingung, die Sie damit erzeugen können, wird Sie für das verschleierte Bild entschädigen.

2. Wir sprechen über das Thema

Sobald es ins Sachliche geht, setzen Sie die Brille wieder auf. Legen Sie sich Schreibzeug zurecht, forcieren Sie ruhig ein wenig die vernünftige Gesprächsatmosphäre, damit Sie später wieder gegensätzlich reagieren können.

Gehen Sie also sachbezogen vor, weniger auf der Gefühlsebene. Kümmern Sie sich um die Problemanalyse, erfragen Sie die Bedürfnisse Ihres Gesprächspartners. Sie arbeiten am Ist-Zustand, das erfordert eine nüchterne, aber verständige Ausstrahlung. Diese Phase soll länger dauern, als sie es wahrscheinlich gewöhnt sind. Hier bereiten Sie den Boden für das spätere Übereinkommen vor.

Erst wenn Sie und Ihr Partner das Problem mit denselben Augen sehen und die Wünsche zur Verbesserung klar sind — wenn Sie also Ihre Lösungsideen (Verkaufsabschlüsse) in Gedanken bestens vorbereitet haben — dürfen Sie wieder richtig aktiv werden.

3. Was wäre wenn — meine Ideen!

Abb. 21

Sie wissen jetzt, was Ihr Gesprächspartner wirklich möchte? Fragen Sie lieber noch einmal detailliert nach, ob es stimmt. Oft steckt hinter dem vordergründigen Wunsch, hinter der vorgebrachten Forderung noch etwas anderes — und das ist das wahre Bedürfnis! Der zuerst ausgesprochene Wunsch hört sich aber »normaler« und besser an.

Nehmen Sie zum Beispiel eine Reklamation, eine Beschwerde, das kann geschäftlich und auch privat sein. Im Geschäft klingt das so: »Was Sie mir da verkauft haben, taugt nichts!« Zu Hause: »Du schmeißt immer deine Sachen auf die Couch, und ich muß aufräumen!«

Der Kunde bereut den Kauf, ohne einen genauen Grund zu wissen. Vielleicht hat die Familie ihm die Anschaffung madig gemacht, vielleicht hat der Nachbar auch so etwas, aber teurer. Hier geht es nicht um einen Umtausch. Der Kunde braucht die Bestätigung, richtig entschieden zu haben. Wir haben ihn beim Kauf wahrscheinlich zu schnell gehen lassen, ohne ihm noch einmal deutlich zu sagen, wie gut er Entscheidungen treffen kann und wie genau er sich informiert hat, wie klug und verantwortungsbewußt er gehandelt hat …

Und die Unordnung in der Wohnung? Die stört nur jemanden wirklich, der von der Beziehung an sich enttäuscht ist. Hören Sie genau hin: Es heißt nicht: »Räum endlich deinen Kram weg!«, sondern: »Sei endlich wieder richtig zärtlich und romantisch (oder lustig und unbeschwert)!«

Mit diesem Hintergrundwissen werden Sie die richtigen Vorschläge zur Problemlösung bringen, dem anderen aber das Gefühl geben, er sei ganz von selbst daraufgekommen. Die Lösung eines Problems drängt sich nämlich von allein auf, wenn es nur richtig erkannt und analysiert wurde.

Dieses »Darauf-Kommen« bringen Sie emotional genau richtig, wenn Sie jetzt die Brille abnehmen und sich an der Lösung begeistern.

Abb. 22

Was Sie dabei nicht tun dürfen: die Brille als Zeigestock verwenden, damit gestikulieren, den Gesprächspartner aufspießen. Halten Sie sie einfach ruhig in der Hand, oder legen Sie sie beiseite.

Abb. 23

Auch wenn es oft genug im Fernsehen vorgemacht wird: kauen Sie nie am Brillenbügel! Abgesehen davon, daß es unappetitlich ist, zeigen Sie damit, wie wenig Sie Ihr Verhalten unter Kontrolle haben.

Das Wichtigste auf einen Blick

Wer führt ein Gespräch?

- Der den Körperabstand bestimmt
- Der mehr Muskelspannung hat
- Der aktiv Zuwendung gibt
- Der Vertrauen erzeugen und aus Fremden Kunden machen kann
- Der Fremden angstfrei und offen begegnet
- Der seine Gestik bewußt einsetzt
- Der Körpersignale erkennen und bewerten kann
- Der dem Gesprächspartner das gibt, was der wirklich braucht

2. Kapitel: Das bin ich!

»Die Schönheit liegt im Auge des Betrachters.« Wären wir alle voller Wohlwollen gegenüber unseren Nächsten und könnten wir jeden, der uns begegnet, mit den Augen der Liebe ansehen, so gäbe es keinen Neid, keine Eifersucht, keine Mißgunst mehr. Unsere Geschäfte würden blühen und Wohlstand für alle bringen, und Sie und ich, wir brauchten uns nicht in eine öffentliche Rolle zu zwängen, um andere zu überzeugen, uns zu vertrauen.

Genug geträumt. Unsere öffentliche Rolle erfordert, daß wir einen bestimmten »Eindruck machen«. Damit beginnt ein Balancespiel:

- Wir wollen so weit wie möglich wir selbst sein, bei allem, was wir tun. Man nennt es »authentisch«.
- Wir wollen unsere persönlichen und geschäftlichen Ziele bei anderen Menschen und mit ihnen erreichen, deshalb müssen wir uns auf die Erwartungen der anderen einstellen. Wenn wir bei ihnen wegen unseres Auftretens Unbehagen oder Irritationen auslösen, werden sie uns emotional ablehnen, was das Geschäft vereitelt.
- Wir versuchen, die erste und die zweite Prämisse zu vereinen, und stellen fest, daß wir uns extrem unwohl fühlen? Dann haben wir ein Problem.
- Mit diesem Problem können wir nicht heiter und zuversichtlich an die Arbeit gehen, dabei überzeugend und vertrauenswürdig wirken. Daraus ergibt sich ein zweites Problem: Wir sind frustriert, und die Motivation leidet erheblich.
- Wenn wir uns nicht sehr zusammenreißen, genügt diese Ausgangslage, uns in wirtschaftliche Schwierigkeiten zu bringen. Schließlich bleibt als Motivation die Angst vor

dem Versagen, der Pleite oder der Ablehnung durch unsere Gesprächspartner. Angst ist ein sehr schlechter, aber wirksamer Beweggrund, etwas zu unternehmen.

Das öffentliche Rollenspiel ist ganz schlecht. Die Psyche verbiegt sich, leugnet ihre wahre Natur und prostituiert sich für einen Gewinn oder um Ablehnung zu vermeiden. Der erste Entschluß gilt der eigenen seelischen Gesundheit: Ich tue nichts, wohinter ich nicht voll stehen kann.

Nicht jeder weiß, welches seine wahre Natur ist. Mancher wurde in seiner Vergangenheit so verwirrt, daß er meint, die eigene Natur wirklich zu lieben. Diese Verwirrung kommt von einer erzwungenen Anpassungsleistung an die Umstände, und das kann schon im Elternhaus passiert sein, in der Clique, in der Schule. Alle erwarten jeweils ein bestimmtes Verhalten vom jungen Menschen, und der paßt sich schließlich an, oder er rebelliert.

Wenn wir um uns schauen, sehen wir viele angepaßte Menschen und viele Rebellen. Die einen sind schon im besten Revoluzzeralter bereit, zur Konfirmation die Krawatte anzulegen, die anderen lehnen Bundeswehr und Banklehre ab, weil sie auf ihr Zöpfchen nur über ihre Leiche verzichten würden.

Es folgt hoffentlich ein Reifungsprozeß, aus dem die Persönlichkeit so weit gefestigt hervorgeht, daß man bei Bedarf den Kulturstrick um den Hals legt, ohne in die Psychokrise zu kommen.

Sich kämpferisch gegen die Normen zu stellen zeigt nur, daß sich da jemand noch nicht frei unter den Menschen bewegt. Wer kämpft, ist an den Feind gebunden, genauso wie der Liebende an das begehrte Objekt. Versuchen Sie, innerhalb der Normen und Gesetze Ihre Freiheit zu leben. Nehmen Sie Rücksicht auf die Bedürfnisse Ihres Körpers und die des Geistes, belasten Sie die Seele nicht mit sinnlosen Grabenkämpfen, wie: »Bin ich für oder gegen den Nadelstreifenanzug?« Es geht hier nicht um ein Glaubensbekenntnis! Nehmen Sie die Kunst der Selbstdarstellung locker, sehen Sie darin ein Spiel. Ob aus dem Spiel Ernst wird, das entscheiden nur Sie. Im Zweifel würde ich mich aber für den Spaß entscheiden.

Was denken die anderen?

Wie fühle ich mich, wie sehen mich die anderen — wie will ich wirken?

Das Auge des Betrachters erhält Informationen, die vom Gehirn blitzschnell, mehr oder weniger bewußt, verarbeitet werden:

- Bekannt oder fremd?
- Mann oder Frau?
- Abstand — Zuwendung — Spannung — Offenheit?
- Freundlich oder feindlich?
- Stärker oder schwächer als ich?

Die wichtigste Entscheidung über das Zusammentreffen wird gefällt mit der Erkenntnis: »Dies ist ein **Kunde**!« Dieses schöne alte Wort bedeutet ja, daß mir dieser Mensch **bekannt** ist. Einander kennen heißt, das Zusammentreffen einschätzen zu können. Alles Unberechenbare entfällt, und das beruhigt. Umgekehrt bringt die Begegnung mit Fremden, Unkundigen, Unbekannten immer Streß — nur empfinden wir das nicht mehr bewußt. Weil wir heutzutage auf der Straße immer auf Fremde stoßen, verdrängen wir das Gefühl ständiger Anspannung. Unsere Nerven würden versagen, wenn wir uns auf Schritt und Tritt mit diesen Fragen bewußt auseinandersetzen müßten: »Kenne ich den? Wenn nicht, wo kommt er her und was macht er hier? Geht mich das an? Will er was von mir? Ist er willkommen, oder gibt es Ärger mit ihm?«

Es schadet aber nicht, diesen Tatbestand ins Bewußtsein zu holen: **Das Zusammentreffen mit etwas Fremdem verursacht Streß.** Daher sollten wir einiges berücksichtigen, wenn wir neue Kontakte herstellen:

- Rechnen Sie damit, daß der andere einige Zeit zum »Anwärmen« braucht. Geben Sie ihm diese Zeit, und fallen Sie nicht mit der Tür ins Haus.
- Überwinden Sie von sich aus das eigene Gefühl der Fremdheit, und senden Sie Signale des Vertrauens aus. Gehen Sie

auf den anderen offen zu, und zeigen Sie sich positiv wie zu einem Bekannten.

- Wer als »Fremder« spontan willkommen geheißen wird, fühlt sich angenommen, nimmt das dankbar auf und wird sich des Vertrauens würdig erweisen wollen. Unter Bekannten wird man sich kaum übers Ohr hauen.

Sehen wir uns einige Beispiele an, welchen Eindruck fremde Gesprächspartner von Ihnen bekommen, an welchen Details andere Sie als Person einschätzen können.

Abb. 24

Jürgen bietet das Bild eines unscheinbaren, neutralen Mannes. Er sendet eigentlich gar nichts aus — der nette, junge Mann von nebenan. Freundlich, offen, in Haltung und Blick voll zugewandt, aufmerksam gespannt, ohne angespannt zu sein. Innere Sammlung zeigt die Haltung der Hände. Er zeigt keine Negativ-Signale, er ist kein Macher (Hände), er nimmt nicht übermäßig viel Raum ein (Beine), er zeigt sich nicht mißtrauisch-abwartend zurückgezogen.

Spüren Sie eine leichte Irritation? Schauen Sie noch einmal ohne nachzudenken das Bild an, und »hören« Sie auf Ihr Gefühl.

Es ist die Krawatte. Warum trägt der nette, junge Mann von nebenan eine Krawatte? In diesem Alter, in einem völlig neutralen Umfeld (auf Abb. 24 überhaupt kein Umfeld) gibt ein Detail aus der Kleidung den entscheidenden Hinweis. Aber welchen?

Kein Mann der jüngeren Generation steigt aus der bequemen Kleidung in ein zugeknöpftes Hemd, wenn er nicht etwas damit erreichen will. Krawatte heißt: über die heutige Norm hinaus seriös, geschäftsmäßig, traditionell. Sie verhindert, daß man sich duzt, sie schafft immer einen Abstand.

Krawattenträger arbeiten in bestimmten Berufen. Von oben aufgezählt: Spitzenmanager, also angestellte Führungskräfte — und je nach Einkommensklasse im Zweireiher, dann Einreiher, unten mit der Kombination Sakko/Hose. Selbständige treffen wir zunehmend bequem angezogen, vor allem, wenn sie erfolgreich sind. In den Finanzdienstleistungen weicht die Kleiderordnung immer mehr auf; nur die obere Hierarchie ist im Anzug anzutreffen, alle anderen meist in der Kombination.

Dann gehören die dazu, die dabei sein wollen und Imagepflege betreiben: Versicherungsvertreter, Verkäufer, Außendienstler. Ihr Selbstbild geht nicht konform mit der geforderten Rolle, wenn sie vor allem davon leben, den Kunden etwas zu verkaufen, was diese nicht brauchen. Das wahre Ich nimmt von dem Beruf innerlich Abstand, das Auftreten muß das Gegenteil aussagen. Das Innere sagt: »Diese Leute nerven mich!« Das Gesicht muß strahlen: »Toll, wieder ein Kunde — und beim ersten Nein fängt der Verkauf erst an.«

Bei diesen »gespaltenen« Männern stoßen wir auf unbeabsichtigte Widersprüche im Auftreten, im Äußeren. Sie verschaffen sich seelische Entlastung durch eine winzige Revolution: weiße Socken zum dunklen Anzug, einen Ohrring im Geschäft, das Zöpfchen noch bei der Abschlußfeier der Betriebswirte an der Uni, das Kettchen am Handgelenk zur Kombination, die Micky-Maus-Krawatte, den Spoiler am Auto …

In einer ähnlichen Rolle vermuten wir den netten Jürgen. Weshalb trägt er Krawatte, was will er uns verkaufen?

Abb. 25

Hier sehen wir es deutlich, und die Irritation verschwindet: Jürgen ist nicht mehr der neutrale, nette, junge Mann, er ist ein Verkäufer. Das schlichte, geschäftliche Outfit wird zum Kampfanzug, die Öffnung zum Gesprächspartner wirkt nicht länger vertrauensbildend, sondern aggressiv. Wer sich so breitmacht, so viel Raum beansprucht und den Oberkörper vorschiebt, greift an — und zwar nicht aus Angst, sondern aus Lust am Vorwärtspreschen.

Letztes Relikt einer vertrauensbildenden Geste ist die nach oben geöffnete Hand (geben, reichen), die allerdings die Form einer Kralle angenommen hat. Jürgen, der Greifer. Wenn so einer auf unserer Seite kämpft, ist es sehr beruhigend, wenn wir ihn gegen uns haben, wird es ungemütlich.

Wir sprachen schon über die »Gestik« der Beine. Was tut denn der rechte Fuß von Jürgen? Genau — gasgeben!

Abb. 26

Wer sich der Öffentlichkeit in besserer »Schale« präsentiert, muß auf Kleinigkeiten achten, denn es werden erhöhte Anforderungen an ihn gestellt. Bleiche, behaarte Beine sind zwar menschlich und normal, zur dunklen Hose sehen kurze Socken aber komisch aus. Die Unvereinbarkeit von geschäftsmäßigem Anspruch und solchen Fehlern schlägt hart auf den Sender zurück. Wenn schon, denn schon: im Geschäft immer wadenlange schwarze Socken tragen.

Abb. 27

Auch hier kollidiert der eigene Anspruch mit dem, was die anderen wahrnehmen. Ganz besonders lächerlich wirken zu kurze Hosen und Ärmel, auch Sakkos, die nicht bis zum Schritt reichen. Wie sieht das aus? Zu schnell gewachsen, herausgewachsen aus dem Konfirmationsanzug — noch nicht erwachsen. Das wird verstärkt durch dieses verlegene Verstecken der Hände hinter dem Rücken. Die »Macher« des Menschen sollten nicht in ihrer Tatkraft behindert werden.

Abb. 28

So sieht die klassische Ideallinie des Mannes aus: ein auf die Spitze gestellter Kegel. Die Haltung wirkt dynamisch durch die leichte Drehung des Körpers — das linke Bein ist vorgestellt, die rechte Schulter zurückgenommen. So wirkt Klaus wesentlich konzilianter, als wenn er gerade stehen würde, in voller Konfrontation. Trotzdem ist sein Stand stabil und der Gesamteindruck aktiv.

Abb. 29

Gerade vor jemandem zu stehen ist nicht so leicht, vor allem, wenn keine Hosentasche zur Verfügung steht. Das Problem liegt darin, daß wir unsere gesamte Vorderseite ungeschützt darbieten. Das wird immer vom Gesprächspartner als Konfrontation wahrgenommen. Jetzt geht es um die Frage: stärker oder schwächer? Manche Frauen empfinden die meisten anderen Menschen als stärker. In dieser Haltung fühlt Marion sich schutzlos, sie kann sich nicht hinter einer Tasche verstecken oder in den Mantel hüllen. Mit dem schräggelegten Kopf zeigt sie, daß sie keine kämpferische Absicht hegt: »Ich bin schwach und bitte um Nachsicht und milde Behandlung.«

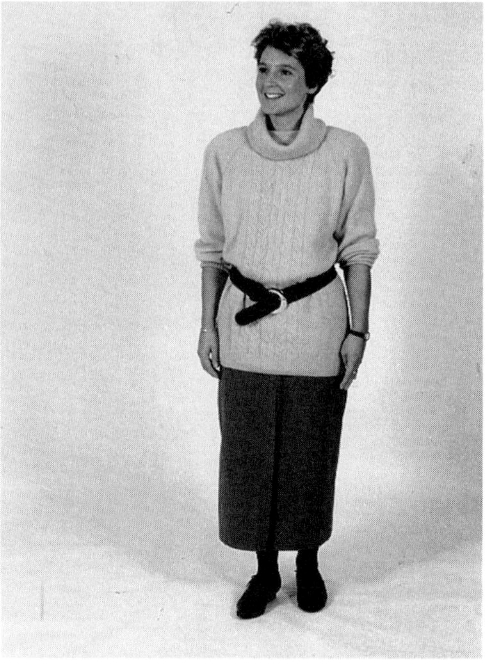

Abb. 30

Allein das Geraderichten des Kopfes verändert Marion in ihrer Ausstrahlung. Furchtlos und ebenbürtig bietet sie der Welt die Stirn, und das so locker, daß sie dabei noch lächeln kann.

Wirklich?

Schauen Sie rechts im Bild die Hand an. Dort entlädt sich die Spannung, die diese Pose erfordert. Eigentlich möchten ja die Beine davonlaufen, das dürfen sie aber nicht; so geht der Impuls in die Hand, wenigstens etwas ***machen*** *zu dürfen.*

Die Frau im Auge des Betrachters

Für meine Leserinnen folgt nun eine Extra-Runde: die Sprache der Beine. Vielleicht möchten Sie es nicht wahrhaben, aber der Anblick des unbedeckten Frauenbeines reicht von ästhetisch, erotisch bis albern, verkrampft, peinlich. Wenn Sie sich diesem Streß entziehen wollen, tragen Sie lange Hosen (dann frieren Sie auch nie an den Füßen). Lange Röcke sehen auch in jeder Lage passabel aus, aber sie sind unbequem. Kurze Röcke oder wie im folgenden Beispiel, Bermudas, machen im Stehen vor dem Spiegel einen guten Eindruck, aber was ist, wenn frau sich setzt?

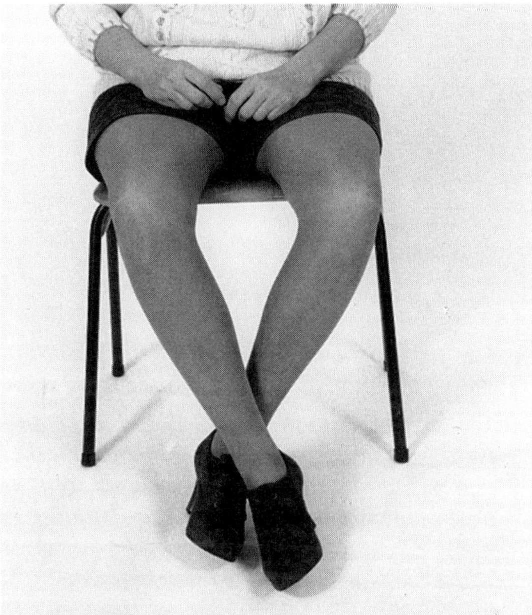

Abb. 31

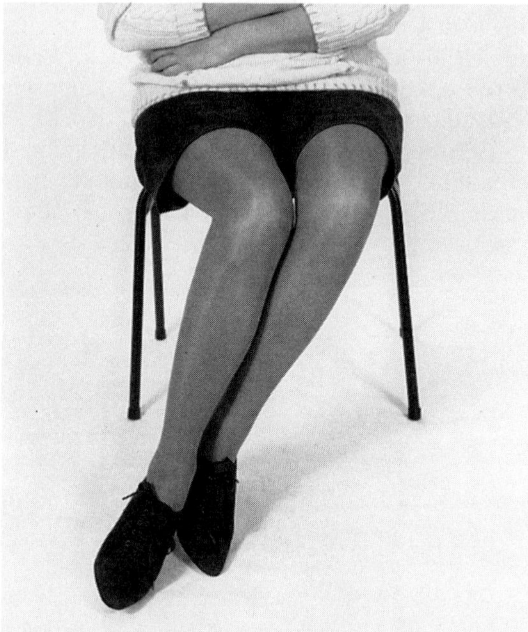

Abb. 32

Die perfekte Dame hält die Knie zusammen und stellt die Unterschenkel eng aneinander und schräg.

Vor dreißig Jahren war es das, Punkt und Schluß. Sie werden zugeben, daß dies rein optisch die ideale Linie ergibt. Da niemand als diese Dame weiß und spürt, wie anstrengend das Sitzen in dieser Haltung ist, denkt sich auch niemand etwas dabei. Also sitzen Sie ruhig so, wenn Sie wie eine Dame aussehen wollen.

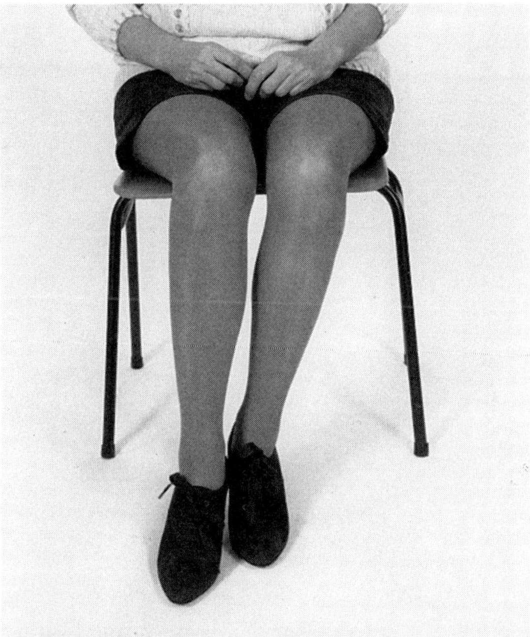

Abb. 33

Da bemüht sich jemand, ordentlich zu sitzen. So sieht es vom Gegenüber her aus. Betrachten Sie die Außenseiten der Oberschenkel: aus dieser Perspektive kann die Linie nicht gut ausschauen.

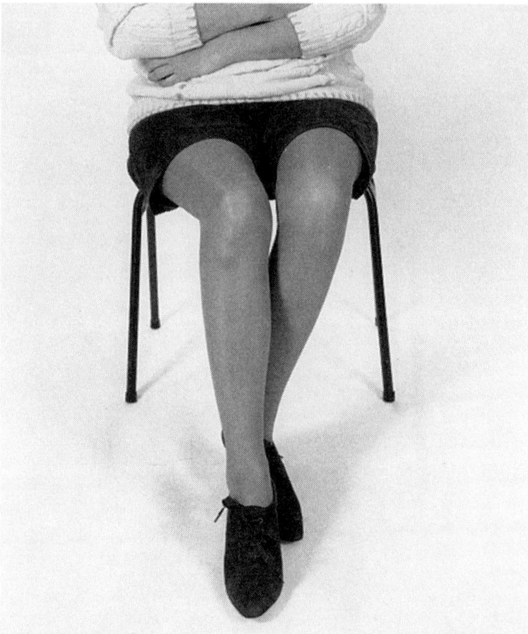

Abb. 34

Beachten Sie bitte: Zu den ordentlichen Beinen gehören die ebenso zusammengelegten Hände. Wo bleiben die eigentlich, und wie sieht eine temperamentvolle Gestik aus, wenn frau die Füße wegräumen muß?

Das verkrampfte Bemühen um eine ansprechende Fußstellung spiegelt sich in den versteckten Händen wider. Hier sehen wir »Blockade total«. Diese Frau ist als aktive Gesprächspartnerin nicht zu fürchten.

Abb. 35

Lässiger soll es aussehen, ist aber nichts Halbes und nichts Ganzes. Unbequem wie die »Damenhaltung«, trotzdem inaktiv. Das Problem liegt im eigenen Körpergefühl: Ich stehe nicht mit beiden Beinen auf dem Boden, ich gestatte nicht einmal meinen Füßen, Stabilität auf der Erde zu finden. Das gilt auch im Sitzen. Wer keinen Stand im Leben hat, ist leicht umzuwerfen. Auf einer Fußspitze schwebt frau vielleicht als Elfe durch den Kosmos, den Gesprächspartnern wird sie nicht überzeugend erscheinen.

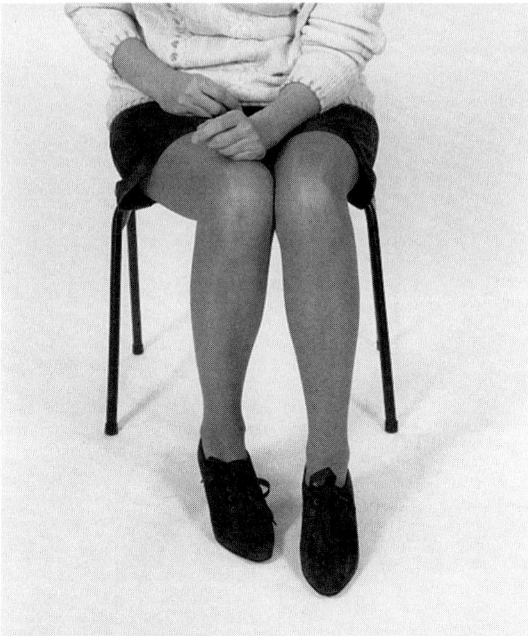

Abb. 36

Auch das gibt es zu sehen. Zusammengepreßte Knie — welche Anstrengung! — und die Fußspitzen nach innen gedreht. Eine Frau, die sich im Jahre 1994 noch so hinsetzt, hat leider die Chancen der letzten Jahrzehnte verpaßt. Diese Persönlichkeit hat den Zugang zu sich selbst verloren, hier gibt es keinen Impuls zur Befreiung. »Angepaßt und autoritätshörig«, das erzählen diese Beine aus der Lebensgeschichte einer Frau.

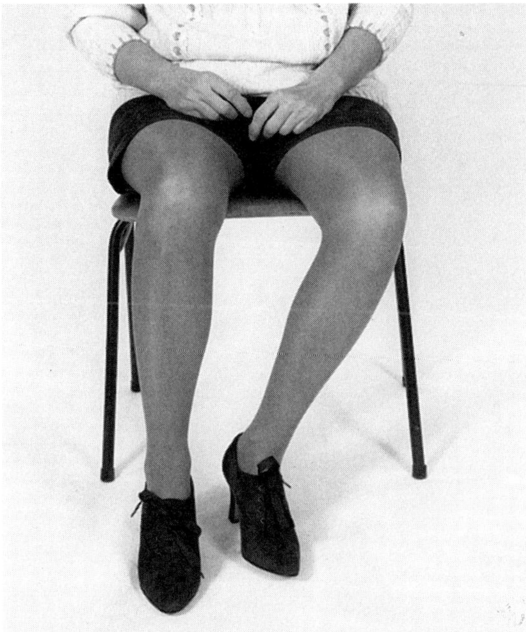

Abb. 37

Die befreite Frau. Locker und entspannt in den Knien, ungebremster Energiefluß bis zum Becken und die Füße auf dem Boden der Wirklichkeit. Dieses Lebensgefühl verdanken wir der Frauenbewegung seit den siebziger Jahren. Dabei dürfen wir nur nicht in den Spiegel sehen.

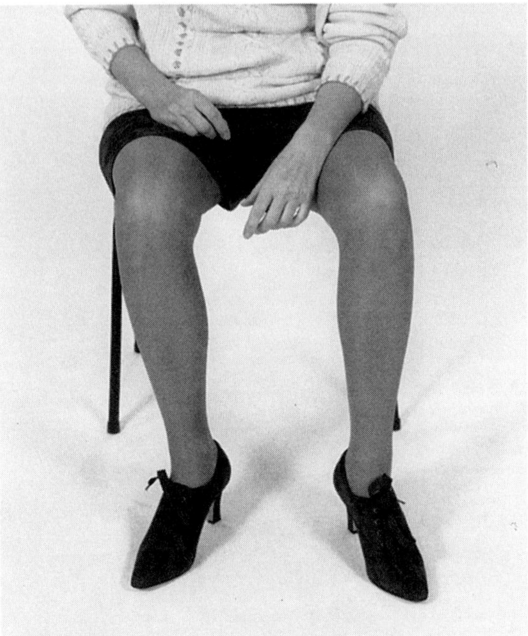

Abb. 38

Die Frau steht ihren Mann, vollwertig, aktiv und bewußt. Sie nimmt sich den Raum, den sie will, prescht auf ihre Ziele los und hält auch die Hände bereit zur Tat. Warum sie gleichzeitig ihre Gesprächspartner mit dem Outfit des lockenden Weibes verwirrt, bleibt rätselhaft.

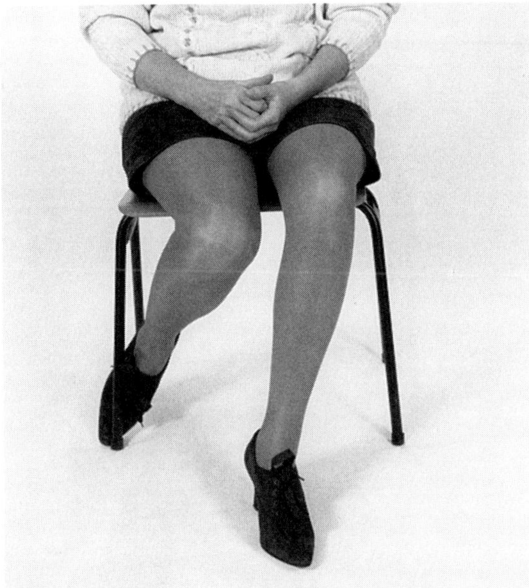
Abb. 39

Verlegenheit und Rückzug. Solche Signale kommen beim Gegenüber an, auch wenn er nicht bewußt hinschaut. Der innere Impuls heißt: »Ich brauche einen Halt.« Um das zu erreichen, wäre es besser, die Füße fest auf den Boden zu stellen. Auch die Hände suchen aneinander Trost in der haltenden Berührung.

Abb. 40

Werfen wir noch einen Blick auf die ***Dame****. Sie darf heute die Beine übereinanderschlagen. Schräg gestellt und enganeinandergelegt, erreichen die Schenkel die erwünschte elegante Linie.*

Abb. 41

Diese Haltung birgt leider eine Schwachstelle: Ein Fuß hängt ständig locker in der Luft, er findet nirgends Halt. Die Füße unterliegen kaum noch der Kontrolle des Bewußtseins, die Entfernung zum Gehirn ist einfach sehr groß. Vor allem aber schauen wir uns bei der Unterhaltung ins Gesicht und nicht auf die Beine, deshalb achten wir nicht darauf, was sie gerade tun.

Bewegungen der Füße sind darum ehrlicher und ursprünglicher als die Mimik des Gesichts. Jetzt bedenken Sie noch, daß uns die Beine vor Gefahr retten, indem sie uns zur raschen Flucht verhelfen. Bis heute jagen Fluchtimpulse durch die Beinmuskeln, wenn wir uns in einer spannenden Situation befinden, vor der wir am liebsten davonlaufen würden.

Genau das verrät dieser hochgezogene Fuß!

Abb. 42

Befreit, Raum einnehmend, entspannt und doch recht weiblich – so geht es heute auch. Oben den Ellbogen lässig über der Stuhllehne, signalisiert hier jemand unkonventionelles Verhalten. Die Brücken zum alten weiblichen Rollenverhalten sind abgebrochen, das Spiel mit den erotischen Signalen ist nicht aufgegeben worden.

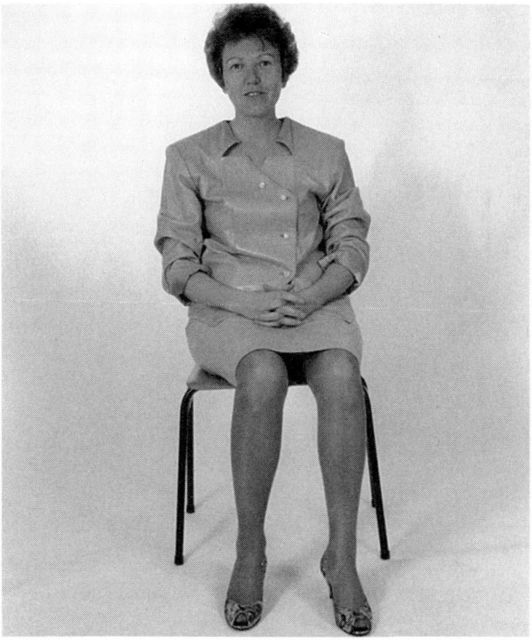

Abb. 43

Das Kostüm gilt für die Frau im Geschäft und in der Öffentlichkeit als die angemessene Kleidung, entsprechend dem Herrenanzug. Anders als der Mann kann sich die Frau darin nicht frei und ungeniert bewegen oder setzen. Der hohe Anspruch dieser Selbstdarstellung fordert Opfer, zum Beispiel eine starke Muskelspannung. Hier sehen wir, was eine entspannte Sitzhaltung für ein Bild abgibt.

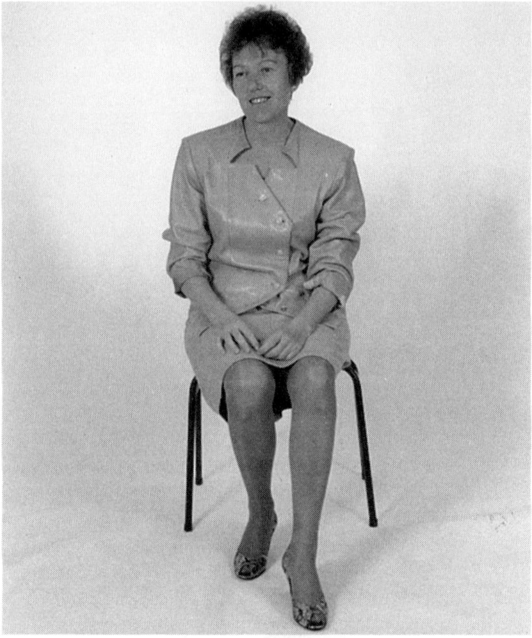

Abb. 44

Die aufgerichtete Haltung mit Rückenspannung bringt Intensivität in den Ausdruck. Wohin mit den Händen in der Gesprächspause? »Typisch weiblich« suchen sie Halt aneinander. Die leichte Schrittstellung mit den Füßen auf dem Boden gibt Erdkontakt und damit einige innere Stabilität. Vorherrschend ist immer noch das Gefühl der Unsicherheit, wie die schräge Kopfhaltung zeigt.

Wo liegt das Problem? Die Kleidung zwingt den Körper in eine unnatürliche Haltung und damit in ein beengtes Gefühl, das einer selbstsicheren, geschäftsmäßigen Ausstrahlung zuwiderläuft.

Abb. 45

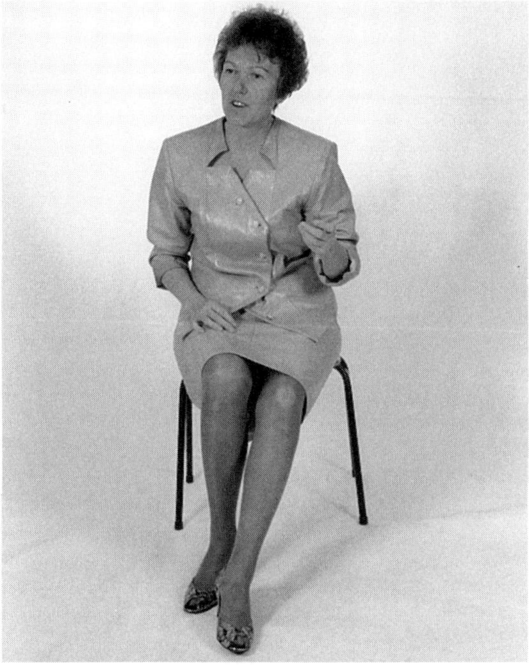

Eine freie Geste, ein vorgeschobener, gerader Kopf erhöhen die Intensität und die dynamische Ausstrahlung. Schräggestellte Beine bringen optischen Schwung, die Ellbogen werden etwas angewinkelt, das sieht weniger eng aus. Damit wird das Sitzen leider unbequemer.

Abb. 46

Selbstbewußter, weil weniger damenhaft, wirken die übereinandergeschlagenen Beine. Der restliche Körper bringt sich in die professionelle Position »aktiver Stuhlkantensitz«. Die Hände liegen frei, bereit zur Geste und zur Tat.

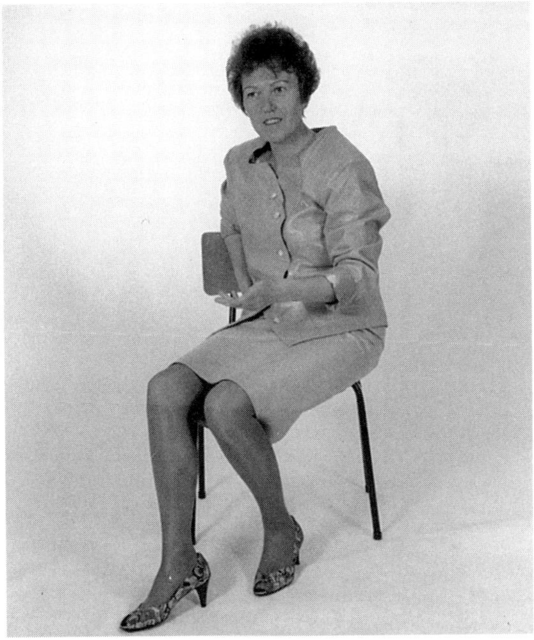

Abb. 47

Noch eine Möglichkeit, sich mit viel Dynamik zu präsentieren: der auf die Lehne gestützte Ellbogen nimmt viel Raum ein und verbreitert die Position. Was eng macht, wirkt schüchtern und ärmlich, was sich ausbreitet, imponiert. (Das geht natürlich auch auf einem Sessel oder einer Couch.) Für den Betrachter kann das ein irritierendes Signal sein, denn Imponiergehabe kennt er eigentlich nur vom männlichen Gegenüber. Hier muß er mit widersprüchlichen Aussagen fertigwerden, der Mischung zwischen weiblichem Outfit und männlicher Haltung.

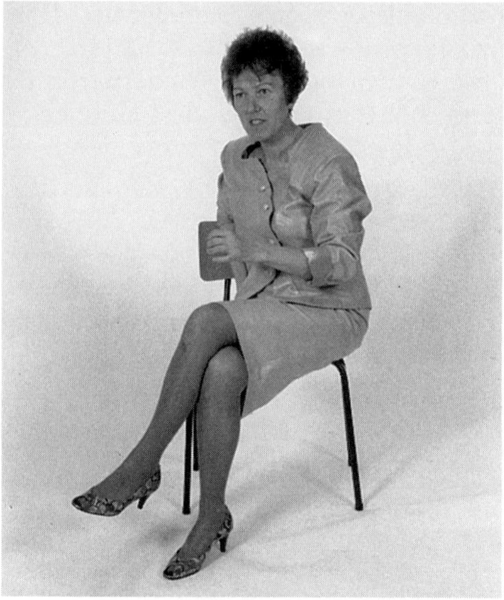

Abb. 48

Wenn Sie zu den gutaussehenden, durchsetzungsfähigen Frauen gehören, lassen Sie die zweite Eigenschaft besser nicht zu deutlich heraus. Anfangs nimmt Ihr Gesprächspartner nur das optische Signal »hübsche Frau« auf. Damit läuft ein Programm in seinem Kopf ab: »Hier sitzt eine geschminkte, schön angezogene Frau vor mir. Sie macht sich die Mühe, weiblich aufzutreten, um meiner Männlichkeit zu schmeicheln. Sie gehört zum anderen Geschlecht, also will sie umworben werden und nicht mit mir konkurrieren.« Die Welt des Mannes ist in Ordnung. Plötzlich legen Sie los, und nichts ist mehr in Ordnung. Sie reizen nicht nur das Konkurrenzdenken eines Geschäftspartners, Sie unterlaufen die natürliche Beißhemmung zwischen den Geschlechtern, Sie provozieren einen Konflikt, der unter der Gürtellinie ausgetragen werden könnte.

Macht und Status

Gehören Sie auch zu den überzeugten Demokraten? Dann legen Sie wahrscheinlich nicht viel Wert auf Hierarchien, auf Oben und Unten. Sie werden sich nicht minderwertig fühlen, wenn ein anderer einen höheren akademischen Grad erworben hat, und niemandem huldigen, nur weil er reicher ist als Sie.

Trotzdem sind wir nicht gleich, immer noch sind manche »gleicher« als andere. Warum sie das sind, können wir an dieser Stelle unberücksichtigt lassen. Wir untersuchen im folgenden die Signale der Menschen, die sich in einer Gesprächssituation überlegen fühlen. Achten wir auf bestimmte Hinweise, dann erkennen wir, wie jemand sich fühlt und wie er sich selbst einstuft.

Warum ist das wichtig für uns?

Zum Beispiel kommen wir in eine Gruppe, mit der wir arbeiten wollen. Wer dominiert, wer wird ausgenutzt? Wie stark ist die Führung wirklich, baut sie auf Überlieferung, oder ist sie durch Leistung erarbeitet? Wie steht die Gruppe zur Führung? Sehe ich eine Chance, selbst die Führung zu übernehmen, oder sollte ich mich zurückhalten? Wo stehen meine potentiellen Freunde, wo meine Konkurrenten?

Unter Männern sind diese Fragen außerordentlich wichtig. Ihre Geschichte ist geprägt vom Status in einer Gruppe und dem Wunsch, sich zu profilieren. Selbst als Außenseiter können Sie als Mann sich dem Sog der Gruppen nicht entziehen, dann bekommen Sie eben den Stempel des Außenseiters.

Ein natürliches Gefühl verspüren wir alle: In einem Team, in der Gruppe wünschen wir, mit dem Stärksten in einem guten Verhältnis zu stehen. Seine Kraft überträgt sich auf uns, sie erhebt uns. Neigt ein Mann aber sehr stark zu eigener Machtentfaltung, so wird er diese Übermacht zu brechen versuchen, um selbst an die Spitze zu gelangen: Palastrevolte, Eroberung. Die Unteren, Lakaien und Fußvolk, schlagen sich auf die Seite dessen, der gewinnt.

Vom Chef und der Chefin wird von den Anhängern einiges erwartet: Sie müssen sich vor allem würdig erweisen. Für Huldigungen und Treue wünscht das Volk belohnt zu werden mit Pomp, Größe, Glanz und dem erhebenden Wir-Gefühl. Demokraten oder nicht — dieses Gruppenverhalten können wir nicht löschen. In welcher Hierarchiestufe ordnen Sie sich ein, und nach welchen Signalen halten Sie Ausschau bei den anderen?

Signal	*unecht*	*echt*
Wieviel Raum beansprucht jemand? Sich ausbreiten mit Armen und Beinen	Betontes Sich-Breitmachen	Bequeme Haltung
Asymmetrische Haltung	Widerspruch, wenn sehr enge plus sehr weite Haltung zusammenkommen	Harmonischer Gesamteindruck
Macht bestimmt die Distanz	Aufdringliche Nähe, anbiedern	Zuwendung und Nähe bei geradem Körper
Macht berührt	Berührungen, um Zuwendung zu erhalten	Bewegung von oben nach unten
Aufgerichtete Haltung	Unter Spannung	Bequem, harmonisch
Wenig Lächeln	unfreundlich	freundlich, aufmerksam, aber ernst
Wenig Zuwendung in der Haltung, kein »therapeutisches Zuhören«	Blockade, Abwenden, geschlossen	Bequeme, weite Körperhaltung
Kein ständiger Blickkontakt beim Sprechen und beim Zuhören	Betontes Wegsehen	Wenig Bestätigung des Gehörten durch Nicken, Ansehen. Erwartet keine Zustimmung — sie wird vorausgesetzt
Wenig Gestik	Abwehrhaltung, blockierte Hände	Ellbogen bereit, asymmetrisch, Hände zur Tat bereit, aber kaum bewegt

Abb. 49

Die Führungskraft präsentiert sich und wird von den anderen in allen Aktionen beachtet. Reni ist an Körpergröße die kleinste. Trotzdem wird sie, auch in einer Runde sitzend, als Chefin beim Sprechen von den größeren Männern aufmerksam angesehen werden.

Für meine Leserinnen wieder ein Hinweis, in den Spiegel zu schauen: Wenn Sie sich im engen Rock eigenmächtig und selbstsicher hinstellen wollen, büßen Sie an Eleganz ein. Unangepaßt und selbständig macht Reni in der Hose die bessere Figur.

Abb. 50

Jürgen zeigt mit seiner symmetrischen Haltung, daß er brav und angepaßt abwartet, was Claudia mit ihm anstellt. Sie bestimmt die Distanz, sie entscheidet über Berührungen. Dieses Verhalten ist nicht umkehrbar, deshalb handelt es sich um ein Hierarchiegefälle. Claudia nutzt ihre Machtposition nicht aus, um Jürgen Überlegenheit zu demonstrieren. Ihre Nähe ist aufbauend, motivierend und einfach menschlich, denn die Geste geht nicht von oben nach unten.

Abb. 51

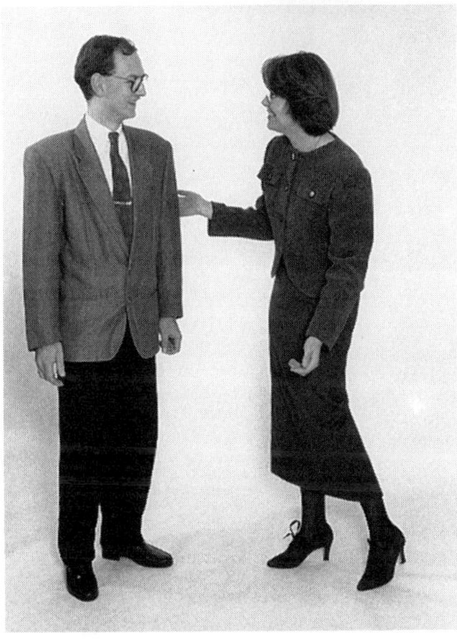

Abb. 52

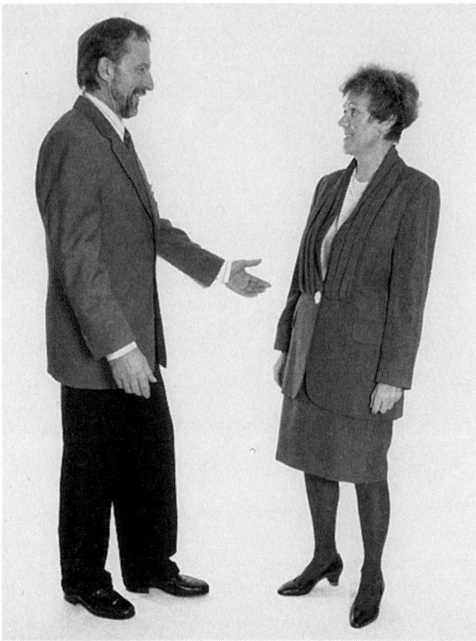

Abb. 53

Symmetrie in meiner Körperhaltung zeigt meine passive, angepaßte Grundeinstellung. Klaus bestimmt die Nähe; vor der Berührung weiche ich zurück, weiß aber nicht, wie ich mich verhalten soll. Vor dem Chef kann ich ja schlecht davonlaufen.

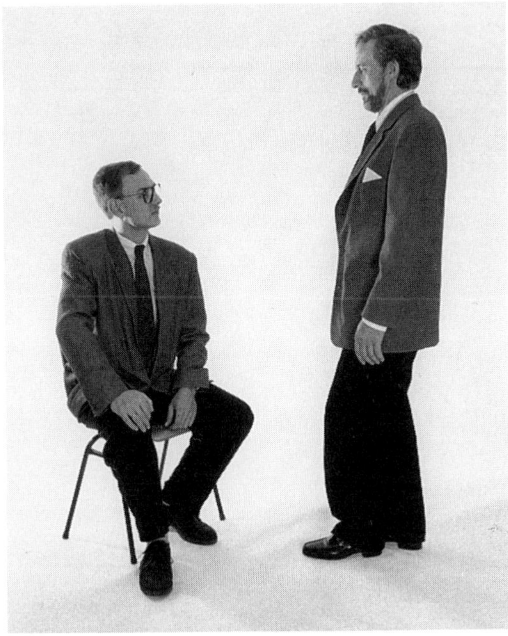

Abb. 54

Wer ist der Rangniedrigere? Ob sitzend oder stehend, wer lockerer und ungenierter aussieht, wird in der Regel das Sagen haben. Jürgen nimmt mehr Raum ein, stützt sich auf einen Arm, zeigt damit mehr Tatbereitschaft. Wäre Klaus der Chef, würde er instinktiv breiter stehen, die Hand in die Hosentasche stecken und den Ellbogen herausschieben.

Abb. 55

Das Verhältnis ist zweifelsfrei nicht umzukehren. Wenn einer die Hand in der Hosentasche hat und redet, ist das der Chef. Sollte jemand anders in seiner Gegenwart dasselbe versuchen, bringt ihm das einen Strafpunkt ein.

Abb. 56

Hier müssen wir genauer hinsehen. ***Wäre*** *Jürgen der Chef, ließe er nicht die aktive Gesprächsführung eines Mitarbeiters in dieser passiven, schmalen Armhaltung über sich ergehen. Er würde sich oben breit machen, mehr Spannung im Oberkörper aufnehmen und ein kleines Drohsignal senden: »Vorsicht, nicht übermütig werden — ich bin der Stärkere!« Danach wird vom Untergebenen eine winzige Unterwerfungsgeste erwartet, damit die Welt der Männer wieder in Ordnung kommt. In diesem Fall sitzt Jürgen passiv und symmetrisch, und Klaus ist aktiv, er hat das Sagen.*

Das Wichtigste auf einen Blick

Die Welt liebt den Gewinner.

- Setzen oder stellen Sie sich nicht unnötig eng hin.
- Im Streß achten Sie darauf, die Muskeln trotzdem zu entspannen.
- Vermeiden Sie es, mit Chefs einen Kampf um die Machtposition auszufechten.
- Für Ihr Selbstwertgefühl: Halten Sie Berührungen durch Statushöhere ungerührt aus, zucken Sie nicht zurück, blikken Sie dem anderen fest in die Augen. Das bedeutet keine Kampfansage, es ist natürliche Selbstsicherheit.
- Unbequeme Kleidung, die Sie in der Körpersprache hemmt, sollten Sie nicht anziehen.
- Trainieren Sie sich eine leicht asymmetrische Körperhaltung im Sitzen und Stehen an. Wenn Sie wegen Bandscheibenschäden rechtwinklig sitzen wollen, legen Sie die Hände nicht brav zusammen, breiten Sie einen Arm aus. Üben Sie die verschiedenen Haltungen vor dem Spiegel, damit Sie sehen können, was Ihre Gesprächspartner wahrnehmen.
- Wenn Sie im Zweifel sind, was Sie signalisieren sollten, bleiben Sie, wer Sie wirklich sind, und zeigen Sie das, was in Ihnen vorgeht. Jedes Rollenspiel ist ein Streß für die Psyche und über die Seele auch für den Körper. Wenn Sie es nicht spüren, sind Sie zwar gut darauf trainiert, es schadet Ihnen auf Dauer trotzdem. Es lohnt sich nicht, für die Selbstdarstellung in der Öffentlichkeit die eigene Identität zu verbiegen. Außerdem: sensible Menschen spüren das und gewinnen kein Vertrauen zu Ihnen.

3. Kapitel: Präsentieren und verkaufen

Präsentieren heißt zeigen. Die Kunden kommen, um die Waren oder das Angebot zu sehen. Sie erfassen aber das gesamte Umfeld, nicht nur das, was sie vielleicht kaufen wollen. Sie wünschen Entscheidungshilfen über das Gefühl, sie wollen spüren, daß dieser Kauf der richtige ist. Dazu braucht es außer sachlichen Informationen wieder sehr viel Vertrauen. Der Kunde, der sich wohl fühlt, wird sich positiv entscheiden, er wird den Kauf kaum stornieren, er wird wiederkommen.

Gerade im Dienstleistungsbereich läuft die Entscheidungsfindung über die Person des Beraters. Wo außer Papier nichts zu sehen ist, konzentriert sich das Gefühl auf die Person, die die Unterlagen präsentiert. Im idealen Fall verschmelzen diese Person und die Dienstleistung zu einem harmonischen Ganzen.

Versuchen Sie, wenn Sie in diesem Bereich arbeiten, das ganze Umfeld sensibel zu gestalten. Versetzen Sie sich in Ihre Kunden, und sehen Sie alles mit deren Augen. Das bedeutet: Verzichten Sie auf Selbstdarstellung! Die Menschen, die bei Ihnen ihr Geld lassen sollen, interessieren sich nicht für Ihr Selbstbild und Ihr Image; sie spüren sehr gut, ob sich jemand um ihr Wohlergehen bemüht und ihre Belange wahrnimmt.

Verlassen Sie sich darauf: Es werden Ihnen kaum Kunden abspringen, weil Ihre Büroeinrichtung aus zweiter Hand ist, weil Sie keinen Computer besitzen, weil Ihr Auto zwei Nummern kleiner ist als das der Konkurrenz. Im Gegenteil! Viele denken sich bei übermäßigem Aufwand insgeheim: »Das muß ich alles mitbezahlen.« Den großartigen Eintritt in Ihre feudale Hausbank genießen Sie ja auch nur so lange, bis Sie Ihre Gebühren und Kreditzinsen abgezogen bekommen oder Ihren Sparbuchzins gutschreiben lassen. Danach wissen Sie, wovon der viele Aufwand bezahlt wird.

Mein Tip: Üben Sie ein bißchen persönliche Bescheidenheit, bemühen Sie sich ehrlich, gute Arbeit zu leisten, und treten Sie genau so den Kunden gegenüber. Dann brauchen wir nur noch ein paar Körpersignale durchzusprechen, damit auch genau das beim Partner ankommt.

Abb. 57

Freundlich ist Jürgen als Berater immer. Leider baut er mit den Armen auf dem Tisch eine Barriere. Wer auf ihn zugeht, um mit ihm zu sprechen, muß diese optische Mauer erst emotional überwinden.

Abb. 58

Wie begrüßt man Freunde? Mit offenen Armen. Den Stift aus der Hand legen und mit der Hand einladend auf den Besucherstuhl weisen, dann stimmt es.

Abb. 59

Im Gespräch: Jürgen fühlt sich vielleicht konzentriert und innerlich gesammelt, das kommt allerdings nicht an. Wieder baut er mit den Armen eine Mauer, gegen die der Kunde ansprechen muß.

Abb. 60

Ja, er fühlt sich gut und er mag den Kunden. Alles in Ordnung? Es geht nicht darum, daß Jürgen seine Bequemlichkeit auslebt und sich ungeniert fühlt, sondern daß der Kunde Offenheit und Zuwendung empfindet.

Abb. 61

Offen zeigt er sich jetzt, das ist gut. Zurückgelehnt und eine Schulter nach hinten und heruntergezogen, macht er keinen gradlinigen Eindruck. Er nimmt Abstand und windet sich, innerlich wie äußerlich.

Abb. 62

Man fühlt sich selbst gar nicht schlecht dabei — gemütlich, entspannt, zugewandt. Das ist es nicht, was der Kunde sehen möchte.

Abb. 63

Beim abendlichen Gespräch unter Kollegen, etwas müde nach rechtschaffener Arbeit — da darf man doch mal ...? Am besten, Sie tun es nie, dann passiert es auch nicht aus Versehen bei Kunden. Außerdem gibt es Falten im Gesicht, und das sieht nicht gut aus.

Abb. 64

Auch wenn die Schultern nur leicht hochgezogen sind, kommt das Signal unbewußt als Information an den Kunden: Hochgezogene Schultern = Angst. Mit den entspannt daliegenden Händen zusammen ergibt das ein ungünstiges Signal, etwa: furchtsam und passiv; dazu schräger Kopf mit Lächeln: »Tu mir nichts, ich tu dir auch nichts.« Da fehlt Kompetenz.

Abb. 65

Verkäuferische Gestik: Zeigen Sie mit den Händen, was es im einzelnen mit Ihrem Angebot auf sich hat. Kleine Preise …

Abb. 66

… großer Nutzen! Denn ein Bild sagt mehr als tausend Worte.

Abb. 67

Offene, gebende Gestik ist immer gut, heißt es. Wenn der Kunde Ihnen so dicht gegenüber sitzt, und Sie legen mit beiden Händen los, die Schulter vorgeschoben, dann könnte er sich leicht bedrängt fühlen. Schauen Sie vorher, mit wem Sie es zu tun haben, ob derjenige (und das Thema) viel Dynamik verträgt.

Abb. 68

Geht das Temperament durch, gibt es gleich eine Ohrfeige? Oder kommt die Geste als lebendige Bereicherung ins Gespräch? Das kommt auf das Tempo der Bewegung an. Vermeiden Sie grundsätzlich alles, was hastig ausgeführt wird. Jede Geste wirkt positiver, wenn Sie eher ruhig und langsam ist.

Abb. 69

Haben Sie das noch nie gemacht? Hoffentlich tun Sie es auch zukünftig nie. Auch (oder besonders!) Kindern darf man es nicht antun, sie so aggressiv aufzuspießen. Das ist eine Killergeste.

Damit wird jedes Einvernehmen und der gute Wille im Gespräch abgetötet, ganz gleich, wer nun im Recht sein mag.

Abb. 70

Der Stift als Zeigestock in der Hand darf nicht zur Gestik benutzt werden. Er sieht immer wie eine Waffe aus, auch wenn er nicht direkt auf den Gesprächspartner gerichtet wird. Legen Sie alles aus der Hand, wenn Sie reden, und zeigen Sie die menschliche Hand, das bringt Leben hinüber.

Abb. 71

Sie dürfen den Stift zum Zeigen nehmen, wenn Sie das Gespräch sachlich halten wollen. Stellen Sie sich aber vor, Jürgen würde mit dem Finger deuten. Wäre das nicht noch verbindlicher?

Abb. 72

Claudia würde den Gedankengang gern mit Jürgen zusammen nachvollziehen. Er reagiert nicht auf das starke Interesse. Wenn sich Berater und Kundin am Tisch gegenübersitzen, kann sie sich leicht ausgeschlossen fühlen.

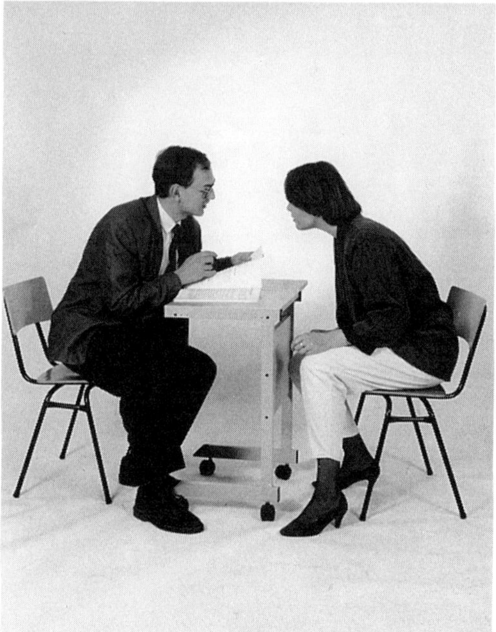

Abb. 73

Muß der Verkäufer ein Geheimnis aus seinen Unterlagen machen? Claudia bemüht sich angestrengt, dahinterzukommen, was geschieht. Jürgen wird reagieren müssen, um die Kundin nicht zu verprellen.

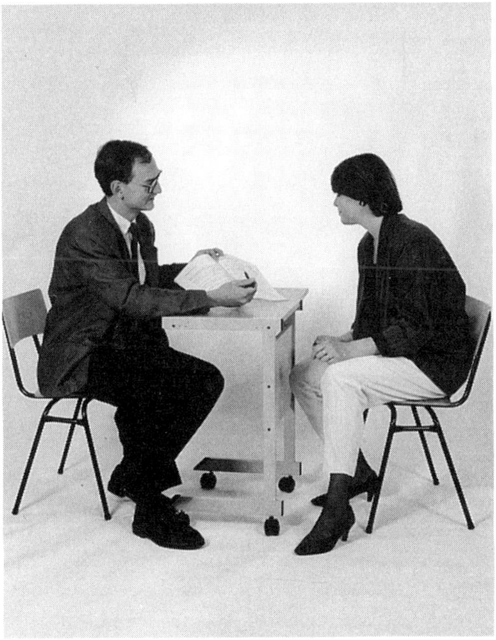

Abb. 74

Die Situation entspannt sich. Lehrer, Berater und Verkäufer sollten sich darin üben, ihre Unterlagen zum Kunden zu drehen und aus dieser Position selbst lesen zu können. Seit meiner früheren Tätigkeit als Musiklehrerin kann ich Noten, die auf dem Kopf stehen, spielen.

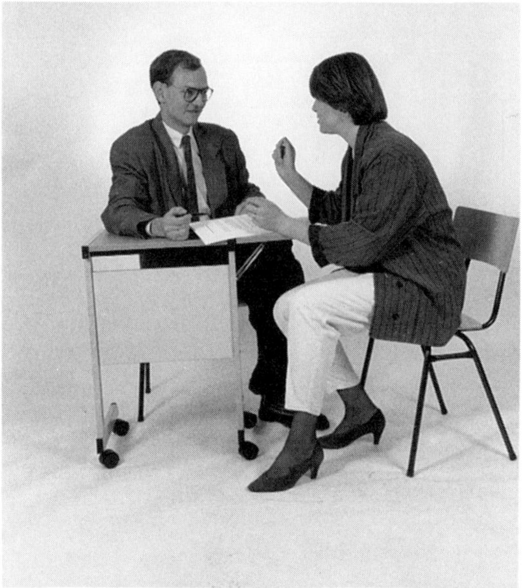

Abb. 75

Noch besser verläuft die Kommunikation, wenn sich Jürgen mit der Kundin über Eck setzt. Jetzt entfällt die Barriere, und Entscheidungen können gemeinsam vorbereitet werden. Claudia wird in ihrem Aktionsdrang nicht mehr gebremst.

Hier schwingt schon im kleinen das mit, was Lehrer, Chefs und Trainer immer berücksichtigen müssen: Wenn du andere von etwas überzeugen willst, laß sie sich diesen Prozeß aktiv und selbständig erarbeiten, soweit das irgend möglich ist.

Auf welche Signale müssen Sie noch achten?

Plötzliche Haltungsänderungen gehen immer mit einem spontanen und starken Gefühl einher, ein Impuls aus der Seele muß sich im Körper ausdrücken.

Das dürfen Sie nicht ignorieren:

Kunde verschränkt die Arme vor der Brust, nachdem sie vorher locker und offen waren. Impuls: Skepsis. »Abwarten, ob das alles so stimmt.« Ihre Reaktion: Fragen. »Können Sie sich das vorstellen?« — »Finden Sie das interessant?« — »Sehen Sie hier ein Problem?«

Bleibt der Kunde positiv, äußert er keine Bedenken, so fragen Sie weiter: »Mal angenommen, wir gehen so und so weiter. Wäre das für Sie interessant/vorstellbar? (Sollen wir darüber weitersprechen?)« — Sinngemäß. Es geht darum, den Kunden wieder aufzutauen und zur aktiven Mitarbeit zu veranlassen. Das schaffen Sie nicht, indem nur Sie reden.

Ebenso müssen Sie sofort reagieren, wenn der Kunde sich nach hinten anlehnt, also damit den Kopf zurückzieht. Es hat jetzt wenig Sinn, weiter auf ihn einzureden.

Gibt er positive Signale ab, so belohnen Sie ihn sofort mit einem Lächeln, mit Nicken oder indem Sie die Distanz verringern. Auf keinen Fall dürfen Sie mit Rückzug antworten, auch wenn Sie Lust hätten, sich ein bißchen anzulehnen. Beim Gegenüber bedeutet das immer, daß Sie von ihm Abstand gewinnen wollen.

Auch der Blick des Kunden gibt Ihnen wichtige Hinweise darüber, was in ihm vorgeht.

Abb. 76

Dieser Blick geht ins Leere, Jürgen träumt oder hat ganz abgeschaltet. So sitzen die Teilnehmer in der Dienstbesprechung, fest in Konferenzschlaf gefallen. Dabei schauen sie den Referenten mit offenen Augen an, und oft hören sie dabei auch noch zu. Schaut der Kunde Ihnen so in die Augen, dann heißt das, Sie haben entschieden zu lange geredet.

Abb. 77

Jürgen sitzt im Kino. Vor seinem inneren Auge läuft ein Film ab, er »macht sich ein Bild«. Und zwar aktiviert er bildliche Erinnerungen aus der Vergangenheit. Wahrscheinlich rollen die Augen gleich ein wenig auf die andere Seite, dann verknüpft er das Hervorgeholte mit Vorstellungen für die Zukunft. So kann das ein bißchen hin und her gehen. Kann er mit Ihrer Rede nichts anfangen, wird er Sie dann anschauen und etwas sagen in der Art: »Das sehe ich nicht« oder: »Das kann ich so nicht sehen.«

Reden Sie auf keinen Fall in dieses innere Kino hinein! Erstens hört er nicht zu, zweitens kann er das Gehörte nicht unterbringen.

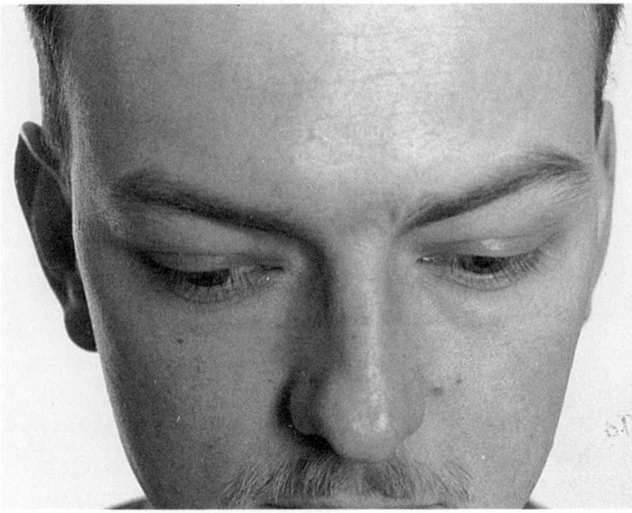

Abb. 78

Der Blick nach unten. Jürgen geht in sich, in sein Gefühl. Er will keine Informationen mehr aufnehmen, weder über die Ohren noch über die Augen. Er will sich auch nicht in die Seele schauen lassen. Er denkt nicht, er wird nichts entscheiden, er versinkt nur in sein Gefühl. Er fühlt sich nicht gut dabei, denn sonst würde er nicht diesen Fluchtweg wählen.

Im Gespräch würde ich nicht darauf eingehen, sondern das Thema zunächst völlig fallen lassen. Jetzt hilft freundliche Ablenkung: etwas zu Trinken, etwas anderes zeigen, ein bißchen Bewegung. Ruhige Ansprache, nichts fragen, bis er aus dem Loch wieder herauskommt. Das merken wir daran, daß er uns schüchtern anlächelt. Dann noch einige aufbauende, menschliche Worte und zurück zum Thema — aber ohne jede Härte.

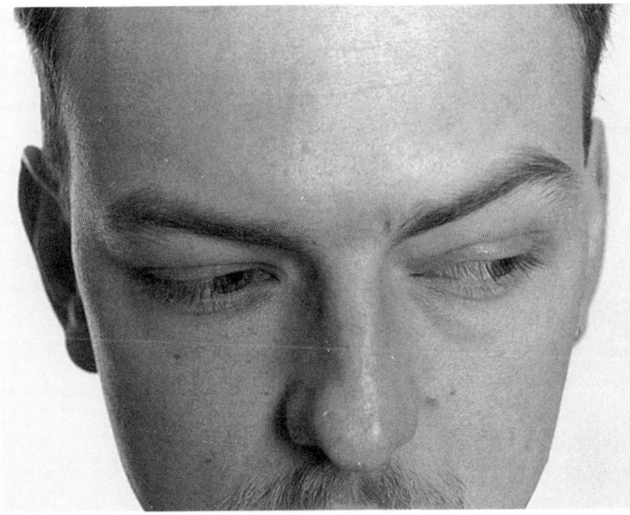

Abb. 79

Wenn Sie ernsthaft jemanden über sein Gefühl zu einer Sache befragen und er sich ernsthaft um eine Antwort bemüht, wird er seitlich nach unten schauen. Wenn dann die Antwort folgt, hat er nicht gelogen. Dieselbe Frage, die mit einem geraden Blick beantwortet wird, kann wahr sein oder auch nicht.

Mit dieser Augenbewegung aktivieren wir Gefühlserinnerungen und seelische Regungen, die wir für die Zukunft »erfühlen« wollen.

Warten Sie einfach geduldig ab, wenn Ihr Gesprächspartner »abtaucht«, und stören Sie ihn nicht durch weitere Fragen!

Abb. 80

Lächelnde Augen. Sie wissen, daß es keine Wirkung zeigt, wenn wir die Mundwinkel nach oben ziehen und die Zähne etwas freilegen. Lächeln kommt aus der Seele und bewegt die feinsten Muskeln rund um die Augen. Fehlen diese Fältchen, so wirkt die Freundlichkeit unecht.

Der gerade, wache Blick zeigt unsere Konzentration auf das Hier und Jetzt. In diesen Blick darf man auch hineinreden.

Wenn Sie ein Gefühl für die besprochenen seelischen Vorgänge in Zusammenhang mit dem Blick entwickeln wollen, dann können Sie das ganz leicht selbst testen: Fragen Sie sich: »Wie fühle ich mich jetzt?« Dann gehen Sie ernsthaft dieser Frage nach. Sie werden automatisch die Augen nach unten senken. »Wie war das damals?« Die Augen gehen nach oben. Umgekehrt versuchen Sie bei der letzten Frage die Augen bewußt abzusenken, und Sie werden merken, daß Sie keine bildhafte Vorstellung in der Fantasie hervorbringen können. Ebensowenig kommt Ihnen beim Blick nach oben eine Erkenntnis über Ihre Gefühlslage.

Das Wichtigste auf einen Blick

Im Verkauf ist nichts wichtiger als der Kunde und seine Gefühle.

- Kaufentscheidungen sind Gefühlsentscheidungen, denn die Produkte unterscheiden sich heute kaum noch von der Konkurrenz.
- Verzichten Sie auf den Wunsch nach eigenem Image, nach Selbstdarstellung in der erträumten Rolle. Richten Sie vielmehr Ihre ganze Konzentration auf die Signale Ihrer Kunden.
- Werden Sie nie nachlässig in der Körperhaltung. Kontrollieren Sie sich öfter: Sitze, stehe ich gerade, offen, zugewandt?
- Lassen Sie Ihre Kunden den Entscheidungsprozeß aktiv mitvollziehen. Dafür müssen Sie ständig auf Signale achten. Was wünscht sich der Kunde jetzt?
- Geben Sie ihm das, was er wünscht.
- Achten Sie auf seine Augenbewegungen. Reden Sie nicht weiter, wenn der andere Sie nicht direkt anschaut. Schweigen Sie einfach geduldig, bis er wieder im Hier und Jetzt steht. Manchmal wird er auf das zuletzt Gesagte gar nicht eingehen, sondern über einen Gedanken von vorher sprechen. Das wäre ein Zeichen, daß Sie schon ein wichtiges Signal übersehen hatten.

4. Kapitel: Gefühle bestimmen uns alle

Negative Gefühle und unangenehme Überraschungen in Gesprächen können nicht immer vorhergesehen und abgefangen werden. Es gibt einige Helfer für den Notfall, die Sie verinnerlichen können, wenn es plötzlich auf Sie eindrischt und Ihr Körper dramatische Streßsymptome produzieren will.

So erging es einmal einer Bekannten von mir. Susanne saß friedlich in einem Münchener Café zusammen mit Gabi, um sich mal wieder auszusprechen. Plötzlich fiel es einem unzufriedenen Zeitgenossen am Nebentisch ein, die beiden dumm anzumachen wegen ihrer supermodernen Kleidung. Er murmelte vernehmlich etwas von »rumlaufen heutzutage wie die Nutten ...«

Susanne erzählte mir von dem Streit, der darauf entbrannte und wie sie sich geärgert hatte. War das überhaupt nötig? Auf mein kritisches Nachfragen gab sie zu, daß der Mann nur vor sich hingeredet hätte, ohne die Frauen direkt anzusprechen. Warum hüpften sie denn überhaupt auf diese Provokation, wenn sie gar nicht betroffen waren?

Aber angenommen, der frustrierte Zeitgenosse im Café hätte die beiden wirklich so übel angemacht, sie also direkt und mit Blickkontakt angesprochen — was sollte ein Streit denn bringen?

Erste Regel bei Provokationen:

Mund halten — ausatmen!

Susanne hätte ihm voll ins Gesicht sehen und sein Statement entgegennehmen können als das, was es war, eine unverbindliche Meinungsäußerung. Als höflicher Mensch hätte sie darauf vielleicht ein ebenso unverbindliches »Ach?« von sich gegeben und dann die Unterhaltung mit Gabi weitergeführt.

Das »Ach« entspricht dem Ausatmen. Wir kommen selbstverständlich in inneren Druck, wenn wir auch nur indirekt beschimpft oder beobachtet werden. Der Druck muß raus, Dampf muß abgelassen werden, bevor wir uns verbal äußern — falls wir das tun wollen. Das bringt uns die drei Sekunden Bedenkzeit, die wir in dieser Situation brauchen.

Das ist alles? Ja. Warum sollten die beiden Frauen auf eine Meinungsäußerung eines Fremden, um die sie nicht gebeten hatten, denn überhaupt reagieren? Sie sind ja nichts gefragt worden und sie wurden nicht persönlich angesprochen. Dieser Punkt ist so wichtig, daß wir daraus die Regel Nr. 2 ableiten:

Beantworte keine Frage, die gar nicht gestellt wurde!

Was ist aber zu tun, wenn der Chef eine Bemerkung in unsere Richtung macht, die wir wirklich nicht überhören dürfen? Chef: »Ich weiß nicht, ob Ihre Kleidung für den Kundenverkehr in unserem Hause geeignet ist.« (Kritischer Blick.)

Muß man da nicht Stellung nehmen? War das nicht so gut wie eine Aufforderung, sich zu äußern?

Vielleicht war es das. Von einem erwachsenen Menschen kann man aber erwarten, daß er sagt, was er will. Vorher ist es den anderen nicht möglich, darauf zu reagieren. Wir werden uns also hüten, auf eine Bemerkung hin schon Stellung zu nehmen, die lediglich als Meinungsäußerung zu werten ist!

Täglich werden -zig Meinungen an uns herangebracht von Kollegen, von Freunden, von der Familie. Sie wollen nichts weiter, als eine Zustimmung erhalten. Was sonst? Wo kommen wir hin, wenn wir aus jeder Bemerkung eine Diskussion werden lassen? Auch der Chef hat sich nicht mit einer klaren Forderung an uns gewandt, also können wir dazu noch nichts sagen. Was tun wir?

Um höflich zu sein und Gesprächsbereitschaft zu signalisieren, ist es nötig,

den Empfang einer Nachricht zu quittieren — mit Bejahung.

Das ist die dritte Regel der klugen Gesprächsführung.

Was heißt Bejahen?

Ich habe vernommen, daß du eine Botschaft abgegeben hast. Ich habe es gehört und bin bereit, weiter zuzuhören. Es genügt ein freundlich-aufgeschlossenes »Aha?« oder »Ja?«, vielleicht ein »Oh!« oder »Ach!« Dazu gehört der erwartungsvolle Blick.

Verkneifen Sie sich jede eigene Meinungsäußerung so lange, bis Sie wissen, was der andere wirklich will! Viele unnötige und ergebnislose Diskussionen haben ihren Ursprung genau hier: Man zerredet einen Streitpunkt, um den es in Wirklichkeit gar nicht geht. Dabei geht der gute Wille verloren, das echte Problem zu lösen.

Was ist das Problem?

Hinter jeder negativen Bemerkung, die an uns herangeredet wird, steckt ja ein Problem. Es war dem Sender der Nachricht nicht möglich, in diesem Moment das Problem beim Namen zu nennen und uns zu sagen, was er von uns konkret will. Statt dessen schleicht er drum herum — selbst wenn er Chef ist.

Der Klügere wird diesen Sachverhalt berücksichtigen und sich um eine Klärung bemühen. Das geht am besten mit der einfachen Frage: »Was soll ich tun?« (beim Chef). »Haben Sie damit ein Problem?« (im Café, falls Sie Lust dazu haben). »Wo genau sehen Sie hier das Problem?« (in allen anderen Fällen, wo man höflich sein will):

Wenn der andere nun antwortet, besteht die Chance, ein sehr vernünftiges Gespräch über eine sachliche Frage zu führen. Immer hilft uns die vierte Regel:

Niemals Stellung nehmen zu einer ungeklärten Sachlage!

Erst wenn wir wirklich verstanden haben, um was es dem anderen geht, dürfen wir uns äußern. Solange wir darin nicht sicher sind, müssen wir weiter nachfragen. Die letzte Frage lautet: »Habe ich Sie richtig verstanden — Sie möchten, daß ich im Geschäft nicht kurze Röcke trage sondern knielange?« Wird das bejaht, dann haben wir die Sache auf den Punkt gebracht und können von da aus weitermachen.

Wir könnten noch fragen, ob auch Hosen gestattet wären und in welcher Länge. Gefällt uns die Antwort in keiner Weise, können wir immer noch weiterfragen, ob die Versetzung in eine andere Abteilung ohne Publikum möglich wäre. Das heißt, wir bemühen uns aktiv um eine Lösung des Problems, mit dem alle leben können, der Chef, die Kunden und wir selbst — bevor wir aus Wut über die vermeintliche Bevormundung herausplatzen, wobei wir sicher den kürzeren ziehen würden. Dieses sind Situationen, in denen wir vorsichtig operieren wollen, weil wir uns mit aggressivem Vorgehen selbst schaden würden. Oft ist es eine schwierige Kunst, den offenen Konflikt zu vermeiden, vor allem, wenn die »Botschaft« in einer Weise ankommt, daß sie wie eine Kröte im Hals steckt.

Höflichkeit muß sein

Sie werden viele unangenehme Situationen vermeiden können, wenn Sie auf Langzeitstrategie bauen. Falls Sie es noch nicht sind — beschließen Sie, ab sofort ein höflicher Mensch zu sein. Versuchen Sie noch mehr, gehen Sie einen Schritt weiter: Bemühen Sie sich, mit Ihrer Umgebung liebevoll umzugehen. Sie dürfen sicher sein, dies ist das größte Geheimnis des Erfolges im Leben überhaupt.

Als geborener Kämpfer stehen Sie zwar in der Regel als Sieger da, keine Frage, aber was ist, wenn die Kraft Sie einmal verläßt, wenn auch Sie auf liebevolle Beziehungen angewiesen sind? Und halten Sie die Einsamkeit des Siegers, seine ständige Kampfbereitschaft, die Wachsamkeit, die Sorge vor Gegenangriffen ein Leben lang aus?

Als überzeugten Kämpfer werde ich Sie nicht umkrempeln können. Dann beschäftigen Sie sich mit Umgangsformen, die das Zusammenarbeiten mit Ihnen erträglich machen. Sie werden Ihre Ziele reibungsärmer erreichen und nichts dabei verlieren.

Abb. 81

Freunde darf man in so lässiger Form erwarten. Bei geschäftlichen Anlässen denken wir daran, keine Barriere mit den Beinen aufzubauen. Optisch und emotional würde jeder Eintretende erst einmal gegen eine Mauer laufen.

Abb. 82

Hier wäre eine Spiegelkontrolle nötig. Offen und zugewandt ist die Haltung, wenn sie jetzt noch gerade wäre – gut. Das Sakko wird beim Hinsetzen geöffnet.

Abb. 83

Im Aufstehen schließt der gut erzogene Mann seine Jacke, …

Abb. 84

... damit er zur Begrüßung den besten Eindruck macht. Trotz seiner Freude über Marion wird Jürgen ihr nicht begeistert die Hand entgegenstrecken, sondern warten, ob sie ihm gereicht wird.

Abb. 85

Bei einer guten Freundin wie Claudia bleibt Jürgen zur Begrüßung natürlich sitzen. Schade, denn Marion wundert sich darüber sehr.

Abb. 86

Ein Mann steht schon aus Selbstachtung immer auf, wenn er von einem weiblichen Wesen begrüßt wird. Die neue Einstellung: »Die Frauen wollen es ja gar nicht mehr« oder: »Die lachen mich aus, wenn ich ihnen in den Mantel helfe«, zeigt, daß der Sinn solcher Zeremonien nicht verstanden wurde.

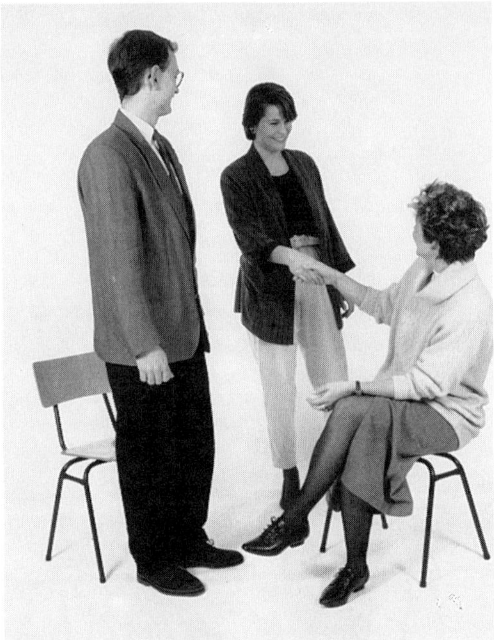

Abb. 87

Es geht nicht darum, einer bestimmten Frau Avancen zu machen. Der Sinn dieser Höflichkeit ist es, daß der Mann seit Menschengedenken Achtung vor Frauen als Hüterinnen des Lebens empfand. Ob sich die einzelne dieser Achtung als würdig erweisen mag, spielt keine Rolle. Vielleicht beschämt er ab und zu eine der Vertreterinnen des Lebens? Wie schön, wenn wenigstens Männer den Adel der Gesinnung pflegen würden, da vielen Frauen der Respekt vor dem eigenen Geschlecht abhanden gekommen ist.

Frauen bleiben zur Begrüßung immer sitzen, außer Jugendliche gegenüber Älteren. Jürgen setzt sich natürlich noch nicht wieder hin, solange Claudia noch steht.

Abb. 88

Nachdem die beiden Frauen miteinander bekannt gemacht wurden, holt Jürgen noch einen Stuhl und sorgt dafür, daß Claudia sich setzen kann. Und zwar kommt die Besucherin in die Mitte, damit sie sich nicht von denen, die schon »warm« miteinander sind, an den Rand gedrängt fühlt.

Abb. 89

Jetzt beobachten Sie die Details, die Ihnen zeigen, wie sich das Gespräch emotional entwickelt:

Die beiden Frauen haben ein Thema gefunden, zu dem Claudia eine Menge zu sagen hat. Jürgen hört interessiert zu, Marion zeigt sich höflich, aber verschlossen.

Abb. 90

Jürgen stützt sich auf einen Arm, die Schulter hochgezogen, er nimmt also Spannung auf. Die andere Hand schiebt er vor, er möchte etwas machen, frau ignoriert ihn.

Abb. 91

Jürgen nimmt lächelnden Kontakt zu Marion auf. Sie hat es gesehen, nur Claudia ist von der eigenen Rede weiterhin so beansprucht, daß sie die Wende des Interesses nicht bemerkt.

Abb. 92

Eine völlig veränderte Lage: Marion steigt auf das Angebot von Jürgen voll ein, wie ihre Fußstellung verrät. Claudia muß Raum abgeben und sich zurückziehen. Sie versucht einen Vorstoß, um Jürgen für sich zu gewinnen. Nach außen hin, mit freundlichem Gesicht, geht er bereitwillig darauf ein. Seine nunmehr entspannte Oberkörperhaltung zeigt, daß er sich gern in die neue Lage ergibt. Es ist kein Fluchtsignal mehr zu sehen.

Lernen Sie aus diesem Bilderbogen,

- *Ihre Aufmerksamkeit nicht auf ein Objekt allein zu konzentrieren, sei es auch noch so attraktiv. Ihnen entgehen wichtige Veränderungen in der Gruppe;*
- *daß es nicht nur schädlich, sondern auch unhöflich ist, Gruppenmitglieder nicht ins Gespräch einzubeziehen;*
- *als »fünftes Rad« die passive Rolle nicht anzunehmen, sondern für sich selbst zu sorgen.*

Abgeschmettert!

Worte können kränken, aber Ihre Geste trifft mitten ins Herz. Gespräche mit beunruhigendem Inhalt sind im Geschäft unvermeidlich. Emotionsgeladene Inhalte verführen zum Dampfablassen, was dem Gesprächsziel oft nur schadet. Legen Sie eine gute Gesprächsstrategie fest, und lassen Sie Ihre Worte und Ihre Körpersprache taktisch optimal harmonieren!

Wir alle kennen die berüchtigten **Killerphrasen**, die jedes konstruktive Vorgehen vereiteln können. Achten wir auch auf die **Killergesten**, die dem Gesprächspartner unter die Haut gehen? Die am meisten benutzte ist das Wegwischen mit der Hand, das Abschmettern seiner Worte. Ablehnung und Verachtung lassen sich so ausdrücken: Die Hand kurz heben und von sich weg nach unten schlagen — dazu das »Pfui-Teufel-Gesicht« aufgesetzt.

Läßt sich die darin offenbar werdende Verachtung mit Ihrem Gesprächsziel vereinbaren? Wollten Sie den Gesprächspartner emotional treffen? Wenn nicht, sollten Sie lernen, Ihre Körpersprache besser zu beherrschen.

Gemeinsamkeit erhalten

Visualisieren Sie zuerst den Grund dieses Gesprächs, machen Sie sich ein Bild, wie Sie mit diesem Menschen auskommen möchten. Gibt es einen gemeinsamen Nenner, ein übergeordnetes Interesse aneinander? Was ist wichtiger, die Beziehung, das gemeinsame Arbeiten oder Ihr Drang nach persönlicher Genugtuung? Die Klarheit darüber hilft Ihnen, die eigenen Gefühle nicht als alleinigen Maßstab herzunehmen.

Gehen wir davon aus, daß es keinen Grund gibt, einen anderen emotional niederzumachen. Es bringt auch nichts, die eigenen Nerven mit destruktiven Gesten zu entlasten, weil das die Aggressionen über das Feedback anheizt oder mindestens beim anderen die Sperre herunterrasseln läßt: Egal, was wir dann sagen, es wird nichts mehr angenommen werden, und alles wird nur noch schlimmer.

Das Ziel nie aus den Augen lassen!

Was wollen Sie? Der andere soll etwas begreifen, ihm soll etwas klarwerden, er soll Kritik annehmen und sein Verhalten ändern. Dazu ist es nötig, die Leitung zu seinem guten Willen frei zu halten. Soll er also offen für Ihre Worte bleiben, so kommen Sie ihm offen entgegen. Ja, auch wenn Sie ihm unliebsame Wahrheiten vorlegen müssen. Als Person muß er sich trotzdem respektiert sehen, denn es geht ja nur um eine Sachfrage, oder? Sie wissen, daß viele Menschen schnell Probleme bekommen, wenn sie sich abgelehnt fühlen. Vermeiden Sie also diesen Eindruck.

Offenheit

Halten Sie Ihre Hände offen, nicht in den Taschen verstecken, nicht mit Gegenständen spielen oder etwas festhalten. Offene Hände signalisieren am überzeugendsten geistige Offenheit: »Ich werde deine Argumente anhören.« Sie zeigen auch, daß sie im Augenblick auf das **Machen** verzichten, was ja die Hände so beschäftigt, daß sie nichts annehmen können.

Verschränken Sie nicht die Arme vor der Brust, halten Sie nicht die Stuhllehne fest. Im Stehen würden Sie am besten die Rednerhaltung einnehmen: eine Hand hängt herunter (die passive), die andere bewegt sich in Höhe der Gürtelschnalle mit leichter Gestik und bleibt dort oben.

Wenn Sie hinter dem Schreibtisch sitzend ihre unangenehmen Inhalte loswerden wollen, so legen Sie die Hände offen auf die Tischplatte. Räumen Sie die Papiere darauf etwas beiseite, damit die Energie ungehindert von Ihnen hinüberfließen kann.

Zuwendung

Im Interesse des Geschäftsfriedens wird es nicht übertrieben sein, menschliches Verständnis und grundsätzliches Einvernehmen zu signalisieren. Die Sachebene wird mit Worten bedient, die gute Beziehung über Körpersprache gestützt. Bei den Argumenten des anderen dürfen Sie **nicken.** Das bedeutet nicht, daß Sie vollinhaltlich zustimmen! »Ich höre Ihnen zu.« Wenn Sie Ihre gegenteilige Ansicht dann mit einem nachdenklichen »Ja, ...« einleiten, heißt das ebenfalls nur: »Ich habe gehört und hoffentlich verstanden, was Sie meinen.«

Gehen Sie mit dem Oberkörper etwas vor, setzen Sie sich gerade zu Ihrem Partner hin, so erhalten Sie volle Aufmerksamkeit und sind selbst auch am besten konzentriert. Stellen Sie die Füße auf den Boden, schlagen Sie nicht die Beine übereinander.

Autorität, wo es not tut

Sie wollen verbal schwereres Geschütz auffahren, weil Sie es für zweckdienlich halten? Dann verstärkt sich die Wirkung, wenn Sie aus der Position der Ruhe schießen. Richten Sie sich körpersprachlich auf größtmögliche Wirkung ein, und das ist genau wie oben: das Überschlagen der Beine sieht inaktiv aus, während die aufgestellten Füße Kraft zeigen. Furchtlos zeigt sich der offene Oberkörper; Arme vor der Brust sind eine Schutzmaßnahme, versteckte Hände mindern die Autorität.

Offenheit und Zuwendung **stützen** autoritäre Maßnahmen, denn sie zeigen die Beherrschung der Situation ohne Furcht und Deckung.

Killergesten

Abgesehen vom Wegwischen mit der Hand, können Sie aus Unachtsamkeit weitere negative Signale setzen, die stark ins Gemüt gehen: Während der Entgegnung des Gesprächspartners auf die Uhr sehen oder nach einem Papier greifen, um es zu studieren, plötzliches Zurücklehnen und/oder die Arme vor die Brust kreuzen, die Hände zusammen vor den Mund legen, abwenden mit dem ganzen Körper, wenn der andere spricht. Ablehnung, Barrieren, Zurückziehen des Interesses töten das Gespräch.

Die Mimik tut natürlich auch viel dazu — das haben Sie aber besser unter Kontrolle. Ob Sie jemanden spöttisch, verächtlich oder desinteressiert anschauen, wissen Sie sehr gut. Tun

Sie es nicht. In ein Gespräch, das etwas bewirken soll, gehören keine emotionalen Entgleisungen. Außerdem zeigen Sie mit unbeherrschter Mimik zu deutlich, wie es Ihnen zumute ist. Muß das jeder gleich an Ihrer Stirn ablesen?

Der schöne Schein

Die Kunst der Selbstdarstellung erfordert einigen Aufwand, wenn man sie ernst nimmt. Unsere Gesprächspartner sollen sehen, mit wem sie es zu tun haben, was wir uns selbst wert sind und wie wir behandelt zu werden wünschen.

An vielen geldwerten Signalen erkennen die anderen, was uns wichtig ist. Bisher nannte man diesen Aufwand, in den wir soviel investieren, Statussymbole. Sie kennen den Spruch? Da kaufen wir Zeug, das wir nicht brauchen, geben dafür Geld aus, das wir nicht haben, um Leuten zu imponieren, die wir nicht mögen.

Was haben wir und unsere Eltern nicht in den Schein investiert und tun es noch. Aber nicht alle tun es! Die ersten Verweigerer haben schon vor Jahren ihre großen Autos verkauft, nicht lange, nachdem ihre Frauen die Pelzmäntel nachts klammheimlich in die Altkleidersammlung gesteckt hatten. Was ist los mit unseren »heiligen Kühen«, für die wir bis vor kurzem noch besinnungslos unser Kreditkartenkonto überzogen hätten? Der neue Wertewandel ergreift uns alle.

Es steht also ein neues Abenteuer ins Haus: die Bescheidenheit. Die Besinnung auf die inneren Werte. Geist statt Geld. Lassen Sie uns die alten Heiligtümer noch einmal wehmütig und kritisch betrachten.

Die Kunst der Selbstdarstellung wird von Menschen betrieben, die in der Welt einen besonderen Eindruck hinterlassen wollen. Je mehr Aufwand jemand treibt, je mehr Signale er in die Umgebung abgibt, um so wichtiger ist ihm seine Bedeutung und die Aufmerksamkeit der Mitmenschen. Das ist die eine Seite. Jedoch der Nutzen der werthebenden Selbstdarstellung ist zweifach:

1. Wir hoffen auf die Achtung der Mitmenschen; sie sollen schon durch den äußeren Schein Zutrauen in unseren Erfolg, in unsere Schaffenskraft bekommen. Außen wie innen: gehobene Anzugklasse, gehobener Geist.
2. Der Umgang mit schönen und edlen Dingen hebt unsere Lebensfreude; die Bequemlichkeit, der Luxus hilft unserem schwachen Geist und Körper während harter Arbeit wieder auf — wir regenerieren eben besser während der Fahrt im klimatisierten IC als im Kleinwagen auf der Autobahn. Außerdem braucht das Selbstwertgefühl in dieser harten Welt seine Streicheleinheiten, wenn nicht von unseren Nächsten, dann wenigstens vom Hotelportier.

In beiden Fällen erhalten wir geldwerten Vorteil zurück. Nur wenn die Investitionen zu hoch sind und den Nutzen übersteigen, haben wir falsch gerechnet. Wie ist das zu kontrollieren?

Mit Pareto gegen Fehlinvestition

Der italienische Ökonom würde sagen: zwanzig/achtzig. Du kannst mit 20 Prozent des maximalen Aufwandes 80 Prozent der gewünschten Wirkung erzielen. Mehr Wirkung würde einen unverhältnismäßig hohen Einsatz von Kosten und Mühe erfordern. Hundertprozentigen Erfolg anzustreben ist vermessen, denn alles Menschliche ist unvollkommen.

Beim Einsatz von 20 Prozent fällt schon mal alles heraus, was lediglich der eigenen Eitelkeit schmeichelt. Dieser Schwachpunkt in der Psyche muß eliminiert werden, will man ökonomisch vorgehen, denn mit Sicherheit dient der weitaus größte Anteil aller Investitionen der Stärkung einer seit Kindertagen geschwächten Seele.

Machen Sie eine Aufstellung Ihrer Geldfresser! Was sind in der Regel die größten Posten im Etat? Büromiete und Bürokommunikation, Personal, Mobilität und, falls noch etwas übrig ist, persönlicher Luxus.

Wo liegen auf der anderen Seite Ihre größten Einnahmen? Wieder nach Pareto ist zu vermuten, daß 20 Prozent Ihrer

Kunden oder Produkte 80 Prozent des Umsatzes bringen. Daraus folgt nicht, daß das Kleinvieh verscheucht werden sollte, aber der große Aufwand muß dem Großvieh zugute kommen.

Fragen Sie sich, ob die vergangenen Investitionen — alle, die Sie eilfertig als geschäftlich unabdingbar rechtfertigen wollten! — wirklich und tatsächlich den Umsatz gehoben haben.

Welchen Fetisch hätscheln Sie noch? Ihre Designer-Boutique? Den Maßschneider? Wie wäre es mit einer Umkehr? Die teuerste Hülle kann die hängende Tropfenform des Homo sedens nicht verbergen. Investieren Sie ins Original — Ihren Körper! Wer mit fünfzig noch in Hemd und Hose mit dem Gang eines Zwanzigjährigen auftreten kann, ruft nicht nur von hinten Bewunderung hervor. Der sanatoriumsreife Manager ist der Beweis eines unprofessionellen Selbstmanagements.

Das Auto? Ja sicher, es braucht eine gewisse Größe, um das Zweitbüro darin unterzubringen, und ohne Klima- und Tempoautomatik ist der Autobahnstreß nicht zu ertragen. Wer es »wirklich geschafft« hat, den trifft man nicht mehr im Stau an, auch nicht mit Chauffeur. Der Überfluß an Zeit deutet auf den wahrhaft Erfolgreichen hin!

Ein Grundsatz des Geschäfts lautet: Was läuft, kann — muß! — delegiert werden. Der Kopf des Unternehmens (auch der Abteilung) ist für Wichtigeres da als für ausführende Arbeiten: zum Denken, zum Delegieren und für die zwischenmenschlichen Kontakte.

Ist Ihre »Schönheit« Ihr Götze? Der Begriff ist schwer festzulegen, das wissen wir. Wieviel Aufwand kann als »normal« gelten, wo fängt die Neurose an? Der reine Geschäftsnutzen jedenfalls ist sehr eng zu setzen. Schauen wir uns in den Managerzeitschriften die erfolgreichen Männer unseres Landes an: Wieviel Aufwand treiben sie wohl für ihr Äußeres?

Offensichtlich kommen all diese Menschen mit extrem wenig Aufwand aus, denn es gibt im ganzen Bundestag nur wenige, die den Beinamen »der/die Schöne« verdient hätten. Es ist sogar unfaßbar, wie häßlich manche/r daherkommen kann, ohne Schaden an seiner Karriere zu nehmen.

Zuviel »Schönheit« ist obendrein schädlich für die Karriere — denn die Fixierung auf die eigene Person stört immer die Kommunikationsfähigkeit, ohne die heutzutage niemand erfolgreich werden kann:

1. Die offensichtliche Selbstverliebtheit, die auch im Auftreten durchschimmert, weckt Aggressionen bei den Gesprächspartnern.
2. Ein schöner Mann wird von anderen Männern leicht der Homosexualität verdächtigt.
3. Einer schönen Frau wird immer noch wegen dieser Gabe gehuldigt; nach ihren anderen Fähigkeiten sucht dann niemand mehr.
4. Geschäftspartner mit stabiler Psyche sehen in dem Bemühen um äußere Wirkung gleich den Mangel an Selbstwertgefühl.

Deswegen werden wir unter den Erfolgreichen so wenig Schönheit finden. Für andere Männer wäre ihr Besitz ein Fehler, Frauen gibt es dort kaum, für die es sich lohnen würde (die übrigens angeblich Macht und Geld für wesentlich erotischer halten), dem Computer ist es egal, dem Kellner auch.

Außerdem gibt es außer in einschlägigen Branchen keinen Hinweis für eine karrierefördernde Wirkung der (aufwandsbedingten) Schönheit. Die Zeit kann also nutzbringender verbracht werden.

Die anderen Götzendiener

Täglich kommen wir mit den armen Seelen zusammen, die, für jeden sichtbar, immer noch nicht die Zeichen der Zeit begriffen haben. Wie sollen wir mit ihnen umgehen? Sollen wir es auf eine kritische Auseinandersetzung über die Werte des Lebens ankommen lassen?

Natürlich nicht. Egomanen und Selbstverliebte sind sich selbst ein Problem, das uns nichts angeht. Wir haben darüber nicht zu urteilen, wie sie ihr Geld aus dem Fenster werfen, solange sie ihre Rechnungen an uns bezahlen.

Im Falle, daß wir einen von ihnen als Mitarbeiter einstellen wollen, gibt es folgendes zu bedenken: Die arme Seele ist gut manipulierbar und motivierbar. Wir dürfen ihn aber nicht allein werkeln lassen und hoffen, daß er aus seiner Tätigkeit selbst Befriedigung zieht. Dieser Mensch spricht auf Belohnung materieller Art genauso gut an wie auf verbale Aufwertung seiner Person. Für diese Gefühle der Anerkennung und Würdigung ist er bereit, viel Leistung zu bringen.

Prüfen Sie nun Ihre Abhängigkeit von teueren Äußerlichkeiten, von den Symbolen, die gerade nach der Mode unverzichtbar sein sollen. Wenn Sie ohne diese »nur ein halber Mensch« sind, sollten Sie darangehen, die andere mit beständigen Werten aufzufüllen.

Die erotische Spielwiese

Alle beschriebenen Körpersignale, die sich vor allem um Abstand und Nähe, Offenheit, Zuwendung und Körperspannung drehten, lassen sich natürlich im aller-erfreulichsten Bereich der Kommunikation beobachten.

Auch im Geschäft verwischen zum Glück die Grenzen zwischen öffentlicher Höflichkeit und echter Freude aneinander. Da wir nirgends so sensibel auf Körpersprache reagieren, wie beim Flirten, sollten Sie jede Gelegenheit zum Üben wahrnehmen!

Abb. 93

Zum Beispiel der Feierabend nach Ende des Seminars. Fein, daß wir uns einmal näher kennenlernen, das war vielleicht wieder ein harter Tag ... Erstes Spannungssignal bei Klaus: der gerade Rücken, um den Anblick eines wohlgeformten Brustkorbes zu bieten.

Abb. 94

Schon Feuer gefangen, Klaus? Das geht mir zu schnell, sagen die abwehrbereiten Hände. Der Arm auf der Lehne geht ganz schön ran, das Bein wird in meine Richtung übergeschlagen, trotzdem kommt einiges an Unsicherheit herüber. War das zu viel?

Abb. 95

Auf der »Tonspur« läuft ein ganz normales Seminar-Geplauder ab. Dem Beobachter wird mehr geboten: Klaus zieht die Hand etwas zurück, war wohl doch zu frech. Der Drang nach Zuwendung und Offenheit bringt ihn in eine Haltung, die immer noch etwas verspannt wirkt, zumal er unbedingt einen breiten Oberkörper zeigen möchte (steckt den Ellbogen über das Knie nach außen). Letzte Gelegenheit, schnell übers Haar zu streichen — alles in Ordnung? Putzgesten am eigenen Körper signalisieren Zärtlichkeitsbedürfnis.

Zur Belohnung strecke ich meine Hand über die Sitzfläche in seine Richtung aus, das bringt Nähe, und lege die andere Hand auf meinen Oberschenkel, um mit seiner Streichelgeste zu korrespondieren.

Abb. 96

Klaus ist jetzt beruhigt, ich habe angebissen. Sein Fuß entspannt sich, ich muß nicht mehr die Schuhsohle anschauen. Beide Hände liegen jetzt entspannt, er fühlt sich wohl. Das überträgt sich auf mich, ich gehe mit dem Oberkörper etwas vor. Was heißt das? Nur Mut, es geht mir gut!

Abb. 97

Wieder baut sich Spannung auf — das Spiel soll weitergehen. Mein Ellbogen sucht die Nähe seiner Hand, die andere liegt auf dem Oberschenkel. Der Kopf geht näher heran und legt sich schräg — ein kleines Signal der Aufgabe des Eigenwillens. Typisch weibliches Flirtverhalten fordert natürlich das entsprechende männliche Verhalten heraus. Klaus lockt: jetzt komm du.

Abb. 98

Das Erzählen einer lustigen Begebenheit des Tages ist sehr dazu geeignet, die gemeinsame Schwingung zu erhöhen. Der Wunsch nach Nähe ist völlig synchron. Zu diesem Zeitpunkt wäre es unerwünscht, wenn jemand anders aus der Runde an dem Gespräch teilnehmen möchte.

Abb. 99

Wieder ändert sich die Dynamik des Flirts. Nachdem die zweite Spannungswelle den Höhepunkt erreicht hat, konsolidiert man sich auf einer neuen Ebene. Es gab bis jetzt keinen Mißklang, die Annäherung geschah in perfekter Harmonie mit demselben Tempo. Der Rest der Welt wird jetzt ausgeschlossen, die spiegelgleiche Haltung kommt aus dem Vertrauen in dieser Harmonie. Das Thema des Gesprächs ist nicht mehr wichtig, der Augenkontakt bringt die Wahrheit. Die Hand am Mund bedeutet sowohl zärtliche Berührung wie auch Konzentration auf diesen Augenblick.

Abb. 100

Der erste Körperkontakt muß von der Frau ausgehen. Damit findet er die Sicherheit, daß er auf dem richtigen Weg ist, und sie darf darauf vertrauen, daß sie das Tempo weitgehend mitbestimmt. Drängende Männer im Flirt sind schlechte Liebhaber, wenn es ernst wird.

Das Wichtigste auf einen Blick

Wir empfinden uns als Mensch unter Menschen über unser Gefühlsleben. Das ändert sich auch nicht, wenn wir in beruflichen Gesprächen stecken. Damit wir uns wohl fühlen, müssen wir für gute Beziehungen sorgen. Als Grundlagen dafür beachten wir einige wenige Regeln:

Gesprächstechnik:

- Wenn wir in Streß geraten: ausatmen, bevor wir etwas sagen.
- Wenn wir provoziert werden: »Ach« und nachdenken, ob wir reagieren müssen.
- Keine Meinungsäußerung zu ungeklärter Sachlage!
- Beantworte keine Frage, die nicht gestellt wurde.

Höflichkeit

- ist eine Frage der Selbstachtung,
- bedeutet, den anderen als Mensch zu respektieren,
- heißt in der Vollendung, ihm liebevoll zu begegnen.

Mit dieser Einstellung werden wir nicht in Gefahr kommen, eine unbeherrschte »Killergeste« ins Gespräch fallen zu lassen.

Wir werden auch nicht an überkommenen Image-Symbolen hängen, um damit anderen zu imponieren. Wirkliche Anerkennung erringen wir von den Leuten, auf die wir Wert legen, durch unser Verhalten.

Mit den Mitteln des liebevollen Umgangs, der Selbstbeherrschung und der Achtsamkeit in der Körpersprache werden wir größeren Spaß beim Flirten entwickeln. Wir sind uns bewußt, was wir tun, und wir spüren die Gefühle des anderen deutlicher als früher. Erotik wird um so schöner, je bewußter wir uns verhalten können.

Ich wünsche Ihnen, meinen Leserinnen und Lesern, harmonische und erfolgreiche Beziehungen überall wo Sie sind.

Literatur

Bierbaum, Georg/Klaus Marwitz/Horst May: Happy Selling. Paderborn: Junfermann '90

Fast, Julius: Körpersignale der Macht. München: Heyne '88

Fisher, Roger und Scott Brown: Gute Beziehungen. Frankfurt/M.: Campus. '89

Gersbacher, Ursula: KörperRhetorik für eigen-mächtige Frauen. Bonn—Bad Godesberg: Verlag Beste Unternehmensführung '89

dies.: Reihe »Körpersprache im Beruf« München: Heyne Verlag
Bd. 1: Das Bewerbungsgespräch
Bd. 2: Außendienst und Verkauf
Bd. 3: Rhetorik
Bd. 4: Führen durch Körpersprache

Henley, Nancy: Körperstrategien. Fischer: Frankfurt/M. '89

Holzheu, Harry: Aktiv zuhören, besser verkaufen. Landsberg: Verlag moderne Industrie 3. A. '92

Leeds, Dorothy: Die Kunst der Kommunikation. Zürich, Wiesbaden: Orell Füssli '88

Lewis, David: Die geheime Sprache des Erfolges. München: Heyne '92

Lüscher, Max: Signale der Persönlichkeit. Reinbek: Rowohlt '74

Schober, Otto: Körpersprache, Schlüssel zum Verhalten. München: Heyne '89

Schwertfeger, Bärbel: Macht ohne Worte. München: Heyne

Thiele, Albert: Die Kunst zu überzeugen. Düsseldorf: VDI '88

Stichwortverzeichnis

Kursiv gesetzte Seitenzahlen verweisen auf Abbildungen